书山有路勤为泾,优质资源伴你行
注册世纪波学院会员,享精品图书增值服务

Viable Vision
Transforming Total Sales into Net Profits

可行愿景
（升级版）

[美] 吉罗德·肯德尔（Gerald I. Kendall） 著

张奇 译

电子工业出版社
Publishing House of Electronics Industry
北京·BEIJING

Gerald I. Kendall：Viable Vision: Transforming Total Sales into Net Profits
Copyright © 2006 J. Ross Publishing, Inc.
This translation is published by arrangement with J. Ross Publishing, Inc.
All rights reserved.

本书中文简体字版由J. Ross Publishing, Inc.授权电子工业出版社独家出版发行。未经书面许可，不得以任何方式抄袭、复制或节录本书中的任何内容。

版权贸易合同登记号　图字：01-2006-4901

图书在版编目（CIP）数据

可行愿景：升级版／（美）吉罗德·肯德尔（Gerald I. Kendall）著；张奇译. —北京：电子工业出版社，2022.3
书名原文：Viable Vision:Transforming Total Sales into Net Profits
ISBN 978-7-121-42245-4

Ⅰ.①可… Ⅱ.①吉…②张… Ⅲ.①企业管理 Ⅳ.①F272

中国版本图书馆 CIP 数据核字（2022）第 016169 号

责任编辑：杨洪军
印　　刷：天津千鹤文化传播有限公司
装　　订：天津千鹤文化传播有限公司
出版发行：电子工业出版社
　　　　　北京市海淀区万寿路173信箱　　邮编100036
开　　本：720×1000　1/16　　印张：13.5　　字数：169千字
版　　次：2013年9月第1版
　　　　　2022年3月第2版
印　　次：2022年3月第1次印刷
定　　价：65.00元

凡所购买电子工业出版社图书有缺损问题，请向购买书店调换。若书店售缺，请与本社发行部联系，联系及邮购电话：（010）88254888，88258888。
质量投诉请发邮件至zlts@phei.com.cn，盗版侵权举报请发邮件至dbqq@phei.com.cn。
本书咨询联系方式：（010）88254199，sjb@phei.com.cn。

赞 誉

获悉《可行愿景》再版，我由衷地高兴与敬佩。在我的职业生涯中，高德拉特先生的《可行愿景》及张奇老师给了我极其深远的影响。安莉芳作为已具有45年历史的内衣品牌香港上市公司，在激烈的市场竞争中引进并实施了TOC理论，取得了明显的成效，如大幅降低库存，提升生产准交率，与JIT推进有效结合等，市场业绩也达到了历史之佳。面对瞬息万变的市场挑战，我坚信《可行愿景》的价值将会使无论是管理者还是企业都获益匪浅。

安莉芳香港上市公司执行董事　鹿群

作为一名草根创始人，我一直认为在商业竞争中，实战才是根本，所谓的理论只是马后炮。初次参加张奇老师的培训纯属偶然，没想到一听就被吸引进去，因为讲得太符合我们企业的实际情况了。他把增量市场与存量市场比拟成春秋与战国，然后引申出对应的方法论，让喜欢历史的我一下子就理解了。后来我们采取了可行愿景的方法重新升级战略，目前每年的增长都超过50%，明年有望翻番。这次《可行愿景》再版，希望大家认真学习，一定会大有收获。

西昊家具创始人　罗慧明

可行愿景

三年前在张奇老师的一堂课程"逆势增长"里面第一次接触"黑模式",顿时豁然开朗。经过这三年的发展,我们企业逐渐开拓了新的增长方向。"五年之后的净利润等于今年的营业额,成为上市公司或者被上市公司并购",当我读到这一句话时,心中忽然释怀,我们天天给管理层谈各种KPI,大家晕头转向,干嘛不直接强化大家"五年营转利"的目标意识呢?如果企业的所有成员都有这种意识,是否我们定义的那些指标都会迎刃而解了?

长园科技集团股份有限公司副总裁　魏仁忠

因高德拉特先生的TOC理论结缘了本书译者"黑模式"的创始人张奇老师已经十年有余,在他的悉心指导下,我们企业践行TOC理论至今,并取得了一些成绩。我觉得《可行愿景》的价值可以用一个词表明:宝藏!可行愿景就是实现营转利,把企业今年的营业额变成五年后的净利润!在企业普遍盈利能力低下、挣扎在生存边缘的当下,你信吗?那就请你用将信将疑的好奇心在译作者的指引下去打开宝藏之门吧!你一定会有意想不到的收获!

长沙优力电驱动系统有限公司董事长　高立军

我非常钦佩张奇老师,他始终将管理理论与企业实践相结合。从上一版读到最新这一版,每次都给我强烈的感受:内容越来越丰富,问题越来越深入,方法越来越实用。《可行愿景》让我真切地理解到,在实现战略目标的过程中,再没有什么比厘清瓶颈问题并解决它更重要的了。这需要领导者本人有战略的远见,不被机会诱惑,透彻理解行业与市场的规律，比别人向前一步，为大家眺望远方。本书干货充实，值得细细品味。

江苏金太阳纺织科技股份有限公司执行董事　袁红星

我在企业实施了"可行愿景"项目，效果还不错，用四年的时间把当年销售收入变成了有效产出。没有变成净利润不是理论的问题，是我们的执行需要改善。"可行愿景"的"四大底层假设"——"复杂必有其固有简单性""冲突必有双赢解""绝不责备环境和人""绝不说我知道"，如同四盏明灯，指引着我们在黑暗中探索。"细分市场"帮助我们用一年的时间占据区隔市场的40%。"拉式补货"帮助我们零件的可得率从80%上升到99%，库存周转率从2.3次提升到5.6次。但最让人惊喜的是，"改善永无止境"在组织里实现了自运行机制。

湖南容润控股集团董事长　郭斌

这本书不仅说理透彻，更提供了很多操作性极强的方法及形象化的分析模板和企业实际运作的案例，让我受益匪浅。在商业环境剧烈变化、执行面临全新挑战的当下，保持战略思考，通过简单有效的方式激励团队达成共识，是企业生存发展的关键。这本书的再版可谓恰逢其时，能够为企业战略制定与执行提供很好的帮助。

华夏理想文化集团董事长　杨永

张奇老师是高德拉特先生在中国的嫡传弟子，他不光是TOC理论的传承者，更是该理论的实战高手。《可行愿景》是解困的利器，张奇

可行愿景

老师是企业家的良师。相信这本书可以给更多的中国企业家带来新的思维，从而找到新的增长路径。更期待本书为众多艰难挣扎的中国实体企业带来新的希望！

贝丽得新材料有限公司董事长/长江商学院EMBA　陆毅

序

营转利 可落地

中国经济已经从高速增长阶段进入高质量发展阶段。在高速增长阶段，我们追求的是规模；在高质量发展阶段，我们追求的是利润。中国企业家是老革命遇到了新问题。在中国经济的下半场，如果你对企业的发展还心存疑虑，那么，这是一本必读书。

可行愿景，顾名思义，是可以落地的战略。它是我们高质量发展的教科书。

可行愿景，源于美国籍以色列裔物理学家艾利·高德拉特（Dr. Eliyahu Goldratt）。这是一位以教会人类思考为己任的科学家，被《财富》杂志视为"商业天才"，被《商业周刊》称为"企管大师"。他坚定地相信："自然科学的方法，可以应用于社会科学。"高德拉特发明了TOC（Theory of Constraints，瓶颈理论），历经全世界数十年的实践，最终形成了集大成之作《可行愿景》。原来，我们讲了那么多年的科学管理，早就有人付诸行动并且硕果累累了。

"当我诊断一家公司时，只有清晰看见四年内公司的净利润等于今年的营业额，我才会感到满意。"当第一次读到这句话的时候，我还在中科院求学，我深深地感受到了一种力量——科学的力量。纵观管理学的丛林，大师众多，然而能够给企业一个量化的目标，并且

可行愿景

加上一个时间期限的,除了高德拉特,还有谁呢?"微斯人,吾谁与归?"我从此成为一个可行愿景坚定的践行者和倡导者,15年来,亲身参与和见证了数百家企业的商业传奇。

"仰之弥高,钻之弥坚。"高德拉特是我们当之无愧的老师,可行愿景是我们逆势增长的必修课。我们不得不学习并践行可行愿景的三大理由是:

1. 大道至简

TOC基于一个简单事实:任何组织都由许多部门组成,像是一根链条,由一连串的环所组成,环环相扣,各有不同的功能。链条中最薄弱的一环,决定了链条的强度。任何改善如果不触及最薄弱的一环(即瓶颈),都只是徒劳无功,自欺欺人。

阿基米德曾说:"给我一个支点,我就可以撬动地球。"TOC告诉我们,聚焦瓶颈,就可以集中有限的资源,达到最大的效益。瓶颈是管理科学的钥匙。当瓶颈在市场时,我们将继承和吸收其他一切营销管理的成果;当瓶颈在生产时,我们将消化和吸收其他一切生产管理的精华。

据说,《九阴真经》是天下武学的总纲。那么,可行愿景是管理科学的总纲。

2. 落地为王

TOC与精益生产、六西格玛并称为全球实业界三大管理理论。我们喻之为:六西格玛是改善的显微镜;精益生产是改善的放大镜;而TOC是改善的望远镜。望远镜能够找出前进道路上最重要的障碍,从而快速实现组织的改善。50年来，TOC为无数企业带来业绩上的大幅改善，包括亚马逊、IBM（国际商业机器公司）、通用汽车、宝洁、AT&T（美国电话电报公司）、飞利浦、ABB（电力自动化技术公司）、波音等行业龙头；也包括一批国内企业，如华为、杭萧钢构、快克药业、秋水伊人、亿利健康、东风汽车、安莉芳、波司登、太平鸟、顾家家居和华夏典当行等成长型企业。而可行愿景，正是TOC实践经验的浓缩和升华。

3. 恰逢其时

中国经济进入新常态，2020年的疫情更是加速了这一历史进程。未来的企业将分为三种情况：头部企业，强者恒强，剩者为王；夹心层企业，举步维艰，不进则退；底部企业，小散乱弱，东躲西藏。活下去才是王道！敢问路在何方？

中国制造遇到了瓶颈，这是我们必须面对的挑战；中国制造遇到了瓶颈理论，这是我们不敢想象的幸运。一切从目标出发，一切从瓶颈着手，抓住问题的本质，建立核心的能力，可行愿景为中国企业家提供了存量市场的发展路线图。

现在你可以往下读了，体悟逻辑的力量，并亲手去创造奇迹。

张　奇

于北京

2021-06-11

前 言

职业经理人的解聘记录屡创新高,主要原因是业绩达不到董事会与股东的要求。仔细观察,我们不难发现,今天绝大多数企业都没有达成愿景的路线图,那么它们的愿景其实是难以落地的,而所投入的大量宝贵资源和努力都将付诸东流。

令人费解的是,这些企业拥有大量的高学历管理人才,掌握着最丰富的改善理念,为什么仍然会和自己的可行愿景渐行渐远呢?

本书指出,执行主管和管理者在处理复杂的管理问题时采用了错误的方法。然而,在接受新方法之前,任何人都想知道,到底目前公认的方法错在哪里?人们惯常采用的方法已被当作金科玉律,它所隐含的缺陷与错误很难为人们所觉察。为什么大家都崇拜的方法还是常常会失败?这是有违直觉的。本书将详细阐述,今天常见的做法所存在的问题,再提出一种不同的、更简单的改善方法。

常言道:"聪明的人从自己的错误中学习,智慧的人从他人的错误中学习。"依我个人拙见,基于下列三个令人信服的理由,我相信本书将使你获益匪浅:

(1)本书的理论基于20多年的应用科学的研究,是我所知道的极少数经过彻底实践检验的理论之一。

(2)本书提供给执行主管一种人类一直在探索却难以寻得的方

法：利用复杂事物中固有的简单性来解决问题。目前，我所知道的每位执行主管都备受挑战，想要以某种可靠的改善方法来重振员工的士气，固有简单性是其中的关键。

（3）本书提供正确的、历经检验的决策模式，它促使公司员工凝聚在一起，为共同的目标而奋斗。最终，职业经理人和高管团队将再也不必沦为部门间的调解员。

无论你的公司规模是大是小，属于哪个行业，我相信，你都会发现本书中的理念十分受用且具有实践意义。作为参考，附录D列举了200多家公司，规模从500万美元到500亿美元不等，它们应用这些理念，并公开发布了所取得的成果，其中包括制造业、公用事业、保险、银行、医院、软件开发、政府机构和其他许多类型的组织。你能看到不少大公司的名字。当然，这不代表一定适用于你。

本书的理论之所以有效，是因为它可以归结于简单的常识。然而，正如马克·吐温所言："常识并不常见。"20多年来关于这种改善方法的实践，一次又一次证明了常识往往与直觉相违背。有些公司使用的绩效考核，看上去似乎很有道理，结果却事与愿违，非但没有促进公司的改善，反而导致公司停滞不前。

本书的内容，可以通过其他书籍、音像资料和自修教程加以丰富与延伸，这些资料可以提供更加详尽的解决方案、思考方式和组织行为的改善方法。多年以来，执行主管与管理者一直缺乏的是把这些内容联系在一起的理论。现在，这一缺憾得到了解决，执行主管与管理者可沿着一张经过实证的路线图，迈向"可行愿景"——一种在几年内将企业的净利润变成今年营业额的方法。谢谢你阅读本书，恭喜你的明智之举。

吉罗德·肯德尔

目　录

第一部分　可行愿景的缘起

第1章　改善 …………………………………………… 002

第2章　可行愿景 ……………………………………… 011

第二部分　新决策模式

第3章　复杂问题简单化 ……………………………… 030

第4章　极简决策模式 ………………………………… 040

第三部分　可行愿景的组成模块

第5章　市场营销 ……………………………………… 056

第6章　运营 …………………………………………… 068

第7章　分销：从推到拉 ……………………………… 081

第8章　项目管理 ……………………………………… 092

第9章　供应链 ………………………………………… 106

第10章　信息技术：仍然不足够 ……………………… 114

第四部分　未来照进现实

第11章　说服：克服层层抗拒 …………… 126
第12章　战略 …………………………… 137
第13章　转变观念 ……………………… 145

后记　可行愿景2.0：中国企业家的秘密武器 ………… 155

参考文献 ……………………………………………… 170

附录A ………………………………………………… 172

附录B ………………………………………………… 176

附录C ………………………………………………… 183

附录D ………………………………………………… 193

致意 …………………………………………………… 198

第一部分

可行愿景的缘起

第1章　改善

"如果我们要让组织持续改善，就绝不能放任无知和愚昧在组织内横行。"

第1章 改善

"当我诊断一家公司时,只有清晰看见四年内公司的净利润等于今年的营业额,我才会感到满意。"

据我所知,世界上只有一个人,不仅发表如此自负的宣言,并且相信它确实可行。当时,他就坐在我在纽约市住宿的宾馆房间里。艾利·高德拉特博士[①]——一位创新思想家,他以发现处理产业问题的突破性解决方案而著称,是一位令我深深敬重的人。然而,纵然是如此聪明且倍受尊敬的人,有时也会让人感到不可思议。

高德拉特与我在纽约度过整整一周时间,讨论如何应用一种强有力的概念,促使公司快速接近指数级改善,他称之为"可行愿景"。在那一周中,我的情绪在怀疑与兴奋间来回跳跃。当我领悟到即使不能让每个组织在四年内都达到净利润等于今年营业额的目标,也无损于它的价值时,我的内心充满兴奋之情。

"可行愿景"是面对客户或市场的独特方法,驱动任何组织达成我们之前不敢想象的改善目标。这让我想到20世纪80年代,在日本企业掀起的"质量运动"。但是,"可行愿景"更胜一筹。

两周后,我见到一个比我更加将信将疑的人。乔登·肯德尔(Jordan Kendall)是一家全球大型咨询公司的资深经理,该公司在技

---

① 艾利·高德拉特是畅销全球400余万册的著名企管小说《目标》的作者,TOC的创始人。高德拉特的其他著名作品还有在项目管理上取得重大突破的《关键链》,探讨供应链管理及企业资源计划(Enterprise Resource Planning,ERP)系统的《仍然不足够》,将TOC应用于市场营销与分销管理的《绝不是靠运气》等企管小说,以及*The Haystack Syndrome: Sifting Information Out of the Data Ocean*、《竞速》、《TOC瓶颈理论》等理论著作。

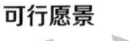

可行愿景

术实施与咨询方面有着丰富的经验（绝大多数为ERP系统）。就在过去几年，这类业务快速下滑。更糟糕的是，许多客户抱怨，投入上千万美金来导入咨询和软件项目，竟然没有取得任何起码的收益。

乔登的任务是找寻新方法，应用于全球性业务，并带给客户利润上的真实改善。他对"可行愿景"的第一反应是："对于一般的企业状况来说，你的理论实质上是说每年都要利润倍增吗？我认识的绝大多数首席执行官（Chief Executive Officer，CEO）听到这里都会哈哈大笑。目前我所服务的许多企业，能增加10%的利润就已经很兴奋了。高德拉特是在开玩笑吧？"

"不，"我平静地说，"他绝不是开玩笑。"

"他肯定是跟那些发明了治疗癌症的特效药，或是革命性新技术的企业合作。"乔登提出他的看法，而我只是摇摇头。

"乔登，他甚至打算要在传统制造业实施这一构想。"

我们两人静静地坐了几分钟。如果只针对个别企业，我知道乔登能接受高德拉特提出的不寻常的突破方式，但他认为这不具备普遍性。最后，乔登要我举出一个实例。"但是，吉罗德，"他警觉地说，"请举出一家运营艰难的企业。"显然他期望听到的不是一个简单容易的案例。

我理解他的顾虑，他希望看到一个可以广泛适用的理论。但他反复提醒要举一个通用的例子，我有点不耐烦。我给他讲了一个高德拉特曾经说起过的真实案例。"好的，就让我举一个高德拉特不久前完成的案例分析。那是一家西班牙公司，制造并销售电缆，主要客户是铁路或电力公司。事实上，他们主要通过招投标的方式获得大型项目。"

乔登怀疑地说："我知道这不是一个普遍性的案例。当然，我们公司也有相当一部分客户是这种项目型销售。"

我没有被乔登的质疑所干扰，继续介绍道："这个产业竞争激烈。目前，这家公司已被过去两年的价格战逼得只能勉强保本。"

乔登告诉我，在过去几年，他已经从不少客户口中听到类似的抱怨。在20世纪90年代那段经济繁荣期，成长型企业持续扩充产能，不仅是满足当时的需求，也是为未来的增长而储备。随后，经济跌落谷底，企业陷入严重的产能过剩，竞争对手之间不得不开启价格战。

我停下来，确认："告诉我，你觉得这案例足以说明问题吗？"

"很难说。"他回答。我察觉到乔登对这案例有些不放心。他接着说："我同意有许多公司的情况和你描述的差不多。但是，如果高德拉特是借助一些特殊的发明，或是改善其本身混乱的管理，从而让公司利润倍增，我仍然认为这不符合我们公司客户的实际情况。"

我并未因乔登的质疑而不悦："乔登，你对高德拉特和我多年来的实践是有所了解的。你也知道，这个方法论适合任何类型的公司，而非特定的个案。让我把高德拉特的分析给你做个准确的描述，你再来评判。"

可行愿景

"这家公司管理良好，它在各部门实施改善计划，成功地降低了成本，比竞争对手的交期更短。它需要更多的客户，即使中标的概率不高，它还是到处投标。顺便提一下，尽管它的报价并不是市场上最低的，它还是赢得了30%的招标。"

"那新产品呢？"乔登问。

"公司在研发上付出了不少努力，但电缆产业并不像高科技那样可以依靠技术实现突破。对电缆来说，一种新产品能增加2%~3%的收入就已经很成功了。公司竭尽全力也只能勉强保本，虽然比起严重亏损的对手们已经好很多了。"

在讨论了所有他能想出的改善方法之后，乔登说："我想不到任何其他明显的方法，只能硬撑着等经济复苏了。但是，你将要告诉我：高德拉特通过这家公司证明了他的主张，向我展示如何找到一种落地的路径，在经济情况并未好转的前提下，四年内让企业净利润等于今年的营业额，是吗？好，我洗耳恭听。"

这时，我想乔登真的很想听到高德拉特的案例分析。当然，乔登也告诉我，他原本希望这家公司有些非常特殊的状况。否则的话，就意味着过去十多年来，他们公司和他们所服务过的许多客户，可能已错过了一些重大的改善机会。

我向他解释高德拉特是如何寻找解决方案的："任何仅有30%的市场占有率，同时产能过剩的企业，应该首先认真研究当前市场，提升业绩，必须为客户创造更大的价值。它的挑战在于：对于为项目供货的电缆之类的产品，除了降价，企业怎样为客户提供更大的价值？"

降价最容易被竞争对手模仿，只要对方有足够的利润空间和现金流，就能支撑价格战。但是，乔登想知道，为什么高德拉特如此肯定价格战毫无作用。

我解释道："你认为相对于建设铁路或是社区电网的大工程，电缆的成本占多大比例？"

乔登猜测道："可能只占整个项目成本的很小比例吧？"

"正是如此，"我回答，"在很多行业，对于许多为项目采购材料的客户而言，这是典型的情况。假如几家供应商的产品相同，并且价格也差不多，那么你的价格对于赢得项目有多大影响？"

"对代理商而言，它可能是一个重要因素。但站在项目经理的角度，除非是极大的价格差异，否则也不是最大关注点。"乔登回答。

"没错！"我兴奋地脱口而出，"如果企业一味依靠低价策略去赢得投标，那么，想让利润倍增，好比大海捞针。你的答案指出了真正的焦点——项目经理。许多项目经理强烈抱怨材料交期延误，特别是对于那些直到最后一刻还在频繁变更规格的产品。"

乔登打岔："吉罗德，等一下！你前面提到这家电缆公司交期表现良好。那项目经理的抱怨不就与你说的自相矛盾吗？"

"得了吧，乔登。你是知道的，每个项目都苦于最后一刻的变更。大型项目的项目经理面临极大压力，他得重新协商交货时间，有

可行愿景

时候还得与供应商争取规格变更。同时，管理层还会要求他对交期承担责任。"

"虽说这家电缆公司的交期表现超过同行平均水平，可还是需要几个月的时间。变更往往发生在交期临近时，当客户在提货前最后一刻变更订单时，产业中还没有一家电缆公司可以做到立即换线生产。订单变更被接受了，随之而来就是交期的大幅延误。现在，你可以想象项目经理会忍受什么样的痛苦了。"

"根据我的经验，"乔登插话，"如果电缆是整个项目的关键材料，它的交期延误，就等于整个项目延误。我的客户，例如造船厂和蒸汽机制造商跟我说过，材料延误很容易就会导致项目延误几个星期。就收入或成本的影响而言，损失可能是数百万美元。"

"没错，"我说，"所以，为了达成交易，这家电缆公司应该跟客户怎么说？"

乔登提出："允许项目经理在交期前较短的时间内最后确定电缆规格，没有任何处罚或附加条件。当然，电缆公司还必须承诺更快的交期。"

"太对了！"我兴奋地说，"如果你对客户提出这样的承诺，他们会毫无保留地向你采购吗？"

我从高德拉特身上学到，仅仅解决客户的问题，即使是应用了突破性方案，还不足以赢得订单。假如供应商的承诺是缩短10%的交期，客户可能不太当回事。但是，要承诺交期低于行业水平的一半，客户

第1章 改善

可能又不敢相信。

乔登的回答是:"不,吉罗德。任何一个销售员都会为了业绩给客户承诺尽可能短的交期。可是对项目经理而言,不会把自己的信誉押在一个销售员的口头承诺上。"

乔登的回答让我感到庆幸,我问他:"如果这样,那除了承诺,你还应该做点什么才能让你的提案无法被抗拒?"

乔登感到为难。于是,我揭晓了高德拉特的答案,这个答案我曾成功地应用于其他案例:"供应商必须提议并写下书面的保证——如果延迟交货的话,愿意支付赔偿金。注意,这里有一个大问题!"

记得当高德拉特揭晓后面的答案时,我有多么不淡定。所以,当自己说出口时,我也小心观察乔登的反应:"假如提议根据线材的成本,支付10%的赔偿金,这对项目经理而言,只不过是个非常小的承诺。请记住这一点,项目的损失并不是根据材料成本,而是根据项目的延迟情况来计算的。所以,考虑到项目的损失,供应商必须提议支付大笔赔偿。如果提议放弃订单100%的利润,项目经理一定会相信你是认真的。"

乔登推测:对任何一位项目经理而言,这样的提案正是他们梦寐以求的!这家公司使用这种方法,势必赢得更多项目,利润倍增完全可能。更妙的是,这家公司可以把相同的成功提案应用于其他地区。乔登看到了高德拉特主张的可能性,但正如当初我所想到的,他也担心这会带来巨大的财务风险。

可行愿景

"吉罗德，要想如此提案可行，唯有解决交期问题。这绝不是一件简单的事。"

"好的，"我准备下结论，"我同意。生产运营在大多数的时间里绝不能掉链子。我将告诉你所有相关的细节。但是首先，我有一个问题：为什么这家公司没法自己找到答案？答案本身并没有超出常识。然而，大部分公司都认为自己的情况非常复杂，关键是……"

"吉罗德，"乔登打断了我，"在我们讨论所有细节之前，我必须告诉你，我还是不能确定高德拉特的主张是否适用于绝大多数公司。我承认，你提出了适用于项目型销售公司的典型案例。是的，确实有很多那种公司，但是我有很多的客户并不适用于那种模式。你还有其他的例子吗？"

"当然！"我回答，"我有几个案例。但是，你要先答应我：在我讲完后，会讨论我提出的问题！"

乔登也想了解为什么他的客户以及自己公司里数以千计的管理咨询专家会忽略这样的机会，所以他同意了。

第2章 可行愿景

> "任何复杂的组织，都有其固有的简单性。这固有的简单性决定组织的有效产出。"

可行愿景

我开始讲述第二家公司，一家不同的电缆公司。

"吉罗德，"乔登立即插嘴，"请不要给我另一个电缆公司案例。"

喔，这就是顾问的傲慢！由于想要得到乔登对这些案例的完整看法，所以我认真倾听他的顾虑。乔登继续："对我而言，真正的测试是，可行愿景在一个非常复杂的企业中是否可行。要想说服我，你得在不同产业和供应链的不同环节，明确展示获得指数级增长的机会。"

"乔登，到目前为止，在我们考察过的数十家公司中，超过80%的客户已经见证了这一点。另一个我正在考虑的案例，包含供应链的三个环节——制造、分销和零售。这种例子是否符合你的标准？"

乔登回答："部分符合。提起复杂程度，我就想到产品的不断变化、不可预测、激烈的竞争、不同的销售渠道和细分市场等错综复杂的情形。"

我打断乔登，提出一个满足他标准的案例："这是一家美国通信产业的大型分销商。公司的销售额在增长，但利润却没有同步增长。员工只能更加拼命工作，才能维持同样的利润。公司销售25 000多种独特产品，每年淘汰其中的30%，一些产品的生命周期少于6个月。"

"听起来像是无线通信业。"乔登回复。

"答对了！"我鼓励道，"不只是无线通信，它的产品从无线电话到网络器材，如电缆、调制解调器，到所有应用于建造通信塔的配件，应有尽有。这家公司有许多供应商在欧洲，也有许多产品的生产制造是在亚洲完成的。它已经有一套很棒的价值主张，致力于成为客户心目中的'一站式服务'供应商，90%的订单在1~2天内完成。同时允许退货，因而客户不会被报废品困扰。"

"它的市场占有率是多少？"乔登问。

"低于10%。"我迅速回答。

乔登感到疑惑："如果它的价值主张如此出色，为何市场占有率还不到10%？"

我直截了当地告诉乔登，并观察他是否有相同的看法："仅仅是出色的价值主张，并不能直接转变成销量。价值主张不会自我推销，有时候，销售人员没有获得足够的训练去销售它的价值主张。"我强调。

"完全正确，"乔登说，"我的很多客户都为此困扰。难道答案就在于要适当地训练销售人员吗？"

"从某种意义上说是这样的，"我解释，"这家公司现在投入很大精力来做销售训练。我认为会有帮助，但是预计只能增加大约10%的销量，并非高德拉特所说的那种利润大幅增长的情形。它的价值主张还没有强大到将竞争对手一击而溃的程度。"

乔登同意我的观点，我继续："一种价值主张能让你维持运营，但它不见得是一个好得无法拒绝的提案。进一步来说，在订单像潮水般

可行愿景

涌入前，公司必须改善运营，以迁就市场营销与销售的巨大投入。否则，结果可能是签了许多订单，却没能力交付订单。所以，在我展示提案与改善运营之前，我想让你了解它更多的情况。流程的第一步是找到组织最大的瓶颈。"

乔登阅读过关于TOC的文章，所以他问："它是否有过剩产能处理更多的订单？是不是内部设施限制了它的扩张？"

"不久前它才增加另一处大型的物流中心，"我说，"整体而言，它拥有足以应对更多订单的产能。"

"那么，现金流怎么样？"他问。

"许多分销商的情况都一样，"我详细阐述，"现金是一种稀缺资源。新物流中心花费了大量现金，但它倒也没有付不出员工薪水的问题。它没有用完信用额度，也没有大笔现金。"

乔登推测："那么，要想达成指数级增长，听起来它必须在供应链或市场上找到一个杠杆点。同时，它必须在不消耗太多现金的情况下撬动杠杆。"

"正是如此，"我赞成，"它总是能够开设更多新分销点而增长，但这并不能在四年内让它的净利润等于今年的营业额。以目前的库存管理水平，还会导致一个巨大的资金压力。"

乔登问："它有哪些类型的客户？"

我继续："这家分销商有几种不同类型的客户。就通信产品而言，

第2章 可行愿景

最大的市场之一是大型公司和政府机构，大多数公司会重复购买相同的产品。它也销售给项目型客户，如建设网络设施的信息技术部门、建造通信塔的承包商等。第三类主要市场是零售商——销售通信产品给终端客户的商店。业界竞争十分激烈，每次遇到市场下滑的情况，零售商就会发起直销，与自己的分销商竞争。"

"它有多少家供应商？"乔登问。

我回答："上百家。每星期销售人员都会收到信息，客户要求购买它没有经销的产品，而且其中一些产品还是从它现有的供应商那里买不到的。因此，采购部门一直有寻找新货源的压力。为了存放新产品，物流经理到处寻找空间，都快疯了。"

"等一下！"乔登插话道，"你不是说它刚刚增加了一处物流中心吗？怎么可能没有空间？"

"我是说整体上它有多余产能。新物流中心是在美国西部，只能服务那部分地区。而老物流中心快被新品挤爆了。五年前，它只有目前一半的产品！ 老物流中心还存在一个大麻烦，一方面找不到放置新品的空间，另一方面还有20%的品种在仓库里已经超过六个月没有动过。我说它做的是一种非常复杂的生意，现在你应该理解了吧！"

乔登承认我讲得没错。我们谈到这家分销商试图与供应商逐一谈判，以求改善供货条款，确保订单交期。但是以有限的采购人力，面对继续增加的供应商，这种做法越来越困难。它还要每天处理大量例外订单，以应对供应商不断变更的交期和许多产品变化的需求。此

可行愿景

外,新品需求持续增加,情况变得错综复杂。

我对乔登描述的是销售部与物流中心持续争吵的情况。每当销售部丢失一张订单,它的矛头就指向物流中心,理由是没有备足货品来满足客户的需求。接着,物流经理又指责采购部,理由是没有及时建立新的供应商关系,而且没让现有的供应商负起责任。采购部反过来责备销售部,没有推销公司的价值主张,也没能说服客户购买现有的库存,反而采购新品。

乔登拼命思考替代方案,看看可以怎样帮助这家公司。例如,增加更多的库存品种,或是与所有供应商合作来改善供应条款和供应表现等。可是,各种方案都十分复杂。如果忽略客户对新品的需求,也会给公司带来严重的负面效应。最后,乔登说:"他们的管理团队一定非常沮丧。一群非常聪明的人,一直拼命地工作,最后只能勉强保本,这极其令人沮丧!"

坐在我们附近的人都紧张地盯着我们,看来是我回应时太大声了:"这就是高德拉特的初衷:寻找一套有效的方法,在四年内让企业的净利润等于今年的营业额。一家公司必须拥有一个令首席执行官和高管团队都为之兴奋的可行愿景!"

"可行愿景?"乔登嘀咕着,皱着大眉头,"就像是在电缆公司的案例中采用缩短交期的创意吗?"

"这绝不仅仅是个创意!"我反驳道,"一家公司如何达成高目标?背后的逻辑是什么? 凭什么让你的提案好到无法抗拒?为什么你

第2章 可行愿景

的竞争对手无法轻易模仿？为了实现目标，运营系统必须怎样改善？如何在六个月内开始拿到成果而不是等上五年？每个部门必须采取什么行动以达成可行愿景？如果高管团队能够对可行愿景达成共识，将会激发出多大能量与激情！我们不再只是祈祷经济形势变好，或客户完全听从我们。它协调管理团队步伐一致迈向一个令人兴奋的目标，并对每个人所扮演的角色达成共识。"

我继续将高德拉特关于如何达成可行愿景的论述告诉他："这家公司拥有处理更多订单的产能，只是一个物流中心存在空间问题，这相当容易改善。当务之急是，当你发现自己掉到坑里时，就应该停止挖坑。对于动销太慢的库存，或是需求萎缩的库存，第一步就是，一旦降到最少库存量，就不再按照ERP系统的数据盲目下单，对于仓库内一动不动的库存应选择退还供应商或者清掉。在几个星期内，他们就能清出20%的仓储空间并获得一些现金。"

乔登说："这很明显是应该要做的第一步。"当对顾问说出答案时，他们就会认为答案显而易见。可是，如果答案真是那么"明显"，为什么物流中心过去没做？问题在于驱动各个部门的绩效指标[①]。然而，我决定以后再讨论这一话题。

我忽略了乔登的评论，继续说道："我们谈谈这家分销商的三个市场。在谈到让客户无法抗拒的提案之前，必须先确认他们没在浪费存量资源。"

---

① 关于绩效指标的讨论见第3章和第4章。

可行愿景

乔登插话："你说的浪费是什么意思？"

我解释："对一家分销商而言，无论何时，客户上门找不到想要的产品，就会去其他地方。这种情况发生几次，那么客户以后不再上门的概率就很高了。在营销与销售上大量投入之后，好不容易吸引一位资质客户上门，却让他空手而归，我把这当成一种浪费。"

乔登推测："我理解。平均来讲，你知道这家公司的25 000种产品每天的库存量是多少吗？"

我手边就有数据："列在目录上的25 000种产品，一般他们承诺现货供应的大约是17 000种，实际有现货的大约是15 500种。"

我告诉乔登，经验显示，这家分销商可能每年因缺货损失大约30%的潜在销量："以他们平均20%的毛利，如果仓库里能够储备更多畅销产品，应该还有2000万美元的利润，这将是目前净利的4倍。"

"但是，他们绝不可能做到100%完美！"乔登抗议。

"的确，我们也没这么指望。通常，一家分销商还是有5%~10%的SKU（库存保有单位）缺货。原因在于传统方式：按照经不起推敲的销售预测备货，并采用最小库存量作为补货基准[①]。另一个严重错误是集批下单，大幅拉长了下单周期。（这家分销商的采购部还要处理许多异常状况，实在没有精力找出对有效产出的最大威胁并予以解决。）"

"那怎么办呢？"乔登问。

---

① 进一步的解释见第7章。

第2章 可行愿景

"我们的确需要某种预测或是算法来决定一个SKU的期初库存。接下来，我们还有三个要求：

"（1）要求供应链的每个环节都能对终端消费者的需求变化快速响应；

"（2）大幅降低供应链中的整体库存；

"（3）针对三个市场，设计无法抗拒的提案。

"让我们开始讨论分销商的第一个市场——重复采购的企业客户。是什么让一个企业客户偏爱一个分销商，而不是其他具有相同品牌和价格的分销商？"

乔登回答："我知道的大多数企业买家，都注重成本及可得性，尤其是在购买知名品牌时。这是它们的绩效指标决定的。"

"你说的都对，"我回应道，"但你还是没有准确回答我的问题。分销商持有七周的库存量，可得性是90%。它们不算低价位分销商，却还是具有相当的竞争力。那么问题来了，除了有竞争力的价格、大部分产品现货供应和快速的订单交付，你还能给企业客户提供什么？"

乔登静静地坐着思考了几分钟，最后他说："我想不出来。"

我告诉乔登："从通信行业的高科技人才和提供高科技产品的企业买家角度来看，通信产业是非常复杂的。买家总是抱怨来自用户的紧急订单，不是要支付加急运费，就是到处都缺货，而且到货时间总会超过用户要求的日期。无论哪种情况，买家都将被它们的绩效指标所

可行愿景

扼杀。"

"听起来这些买家还真的是陷入了两难困境。"乔登说。

当然,我同意:"那么,为什么不将买家最常用的产品,以寄售的方式放在它们的仓库呢?只要一件产品被取走,就自动补货。这可以消除急件送货的费用,而且交期为零,对需求变化立即响应。同时,根据使用情况备货,库存与实际消费就十分接近了。这样的提案是否具有足够说服力,促使新老客户与你做生意呢?"

乔登毫不犹豫地表示同意:"但是,如何才能防止其他分销商模仿相同的提案?"

我回答:"我的经验,竞争对手不可能快速改变行业惯例,哪怕只是一个看似简单的创意。如果涉及政策的调整,那更能保持超过五年的竞争优势。这个提案,在物流面变化不大,在政策面却有重大的改变。其他分销商的第一反应可能是:'你疯了吗?我的利润已经很薄了。我承担不了寄售风险,否则失窃和呆账会让我血本无归。'"

乔登问:"难道这些顾虑不合理吗?"

"当然合理,"我说,"正因为如此,库存管理的解决方案必须简单有效。这是达到可行愿景的必要条件,我等一下会解释相关细节。我想说的是,竞争对手甚至不会试着去了解新方式是否可行。我的经验是,它们在改变政策时就已经喊停,然后彻底放弃。"

乔登接受我的答案,但我知道他对竞争对手无法模仿的说法还是有所疑虑。他需要阅读一些即便是在20世纪90年代中期实行的解决方案，竞争对手至今还是无法模仿的案例[①]。

接下来，我向他解释的细分市场是零售商。在无线通信产业中，零售商普遍遭受高库存和高缺货并存的结构性痛苦。

我给乔登的意见是："你可以让零售商减少过期库存，节省库存成本。但是我相信，分销商对零售商最大的影响在于，门店如何提高有效产出。分销商其实对零售商的销售与利润有着重要影响。"

乔登郑重提出意见："如果你是想告诉我，分销商应该频繁补货，我不同意。我去年在进行相关研究时就发现，很多案例中频繁送货大幅提高成本，这不是降低库存成本所能抵消的。"

"你的分析是正确的，但结论不对。这里有两个关键要素应该考虑。第一，分销商不一定要增加送货频率，首先应该改变的是送货结构。分销商应将之前'少品种、大批量'的结构转变为'多品种、小批量'的结构。如果零售商能够订购正确的产品，就会减少缺货情况，零售商的有效产出也将增加。"

"好，我同意。"乔登说，"但你不能证明分销商应该增加送货次数的结论。"

"是的，我同意。在你的分析中，比较的是增加的送货费用与省

---

① 见Gerald I.Kendall.Securing the Future：Strategies for Exponential Growth Using the Theory of Constraints [M].London：Taylor & Francis，1997及Gerald I.Kendall, Steven C.Rollins.Advanced Project Portfolio Management and the PMO[M].Springfield：J.Ross Publishing，2003.

可行愿景

下的库存成本。可更应该看到的是,由于供应链的频繁补货,有效产出将会增加。通常增加的有效产出远远超过节省的库存成本。实际上,拉式补货(由实际销量驱动的补货系统)将有六个方式增加有效产出。我现在暂时不讨论这些细节。"①

我向乔登解释,关键是让零售商减少故意的集批下单,比如过几个星期甚至几个月下单一次,分销商必须说服零售商频繁下单。不可思议的是,零售商每天下单要比几个月下一次简单得多。我所见过最简单的拉式补货系统是每天订货,订购前一天卖出的实际数量。对于还没有使用计算机系统的零售商来说,具体操作是使用传真机或电话,每天向供应商订货。有一个案例是商店干脆直接将售货单传真给分销商。

我继续说:"这家分销商也不一定是每天送货。只要零售商在订货后几天内能拿到货就可以了。因此,零售商几乎不会缺货,即使缺货也只是偶尔一次,很快就会补上。实际上,任何时候零售店里库存都减少了许多,但又足够应对短期内变化的需求,还足以涵盖运输时间。这些订单有可能正在物流中心,也有可能正在运输途中。店里的库存减少一半,供应链中的库存也大幅下降。通常下降幅度超过25%,分销商就不再对零售商促销积压了好几个月的库存,而是100%响应消费者的需求。通过构建拉式补货系统,分销商库存周转次数加倍,同时也提升了零售商的绩效。"

乔登对这种模式思考片刻后,终于发问:"凭什么让零售商相信他

---

① 详见第7章中六种增加有效产出的方式。

第2章 可行愿景

们将因此真正地受益？"

"好问题，"我说，"首先，分销商的提案对零售商而言好得无法抗拒，它承诺零售商现有库存减少一半。接着，零售商必须对物流系统足够了解才能明白，店里的库存下降，它的销量反而会提升。因此，分销商的销售员必须要进行令人信服的演示。当然，利用更少的库存保护销售，零售商就有了额外的现金流，正好用来增加新品，而这恰恰是实现有效产出指数级增长的关键之一。分销商就能再给零售商一个好理由：增加更多畅销品。"

乔登思考了几分钟。当我们进一步谈论物流优化的细节时[②]，他没能找到任何逻辑上的破绽。对于第三类市场——项目型客户，他已经理解我们曾讨论过的电缆公司提案，同样适用于这家公司。但是，另一个深深困扰乔登的严重问题是："供应商呢？许多供应商十分不可控。"

我解释道："的确，要想改善所有的供应商，即使是100家供应商，都太复杂了。简单的方法是，核查分销商的历史交易记录。比如，查看过去六个月的记录，重点是由于缺货而损失有效产出的情况。记录供应商每一次缺货多久，以及损失多少有效产出。我们找出最关键的供应商，通常最多只有几十家。分销商只要能影响它们，就可以让有效产出得到最大程度的改善。从关键供应商中，分销商可以选择五家开始合作。有了恰当的数据支持，分销商和供应商的合作方式就会和以前大不相同，分销商要告诉供应商因缺货而造成有效产出损失的实

---

② 进一步的细节见第7章和附录A。

可行愿景

际数字。我的经验是当供应商看到这些数字时，它们会非常积极地和你一起解决问题。即使它们不能立刻行动，分销商还可以要求供应商立即采取一项措施。"

乔登不耐烦地等待我的建议。

"分销商要求供应商实行每天订货的方式。我们的经验是几乎所有供应商都能实现。现在，分销商使用与零售商相同的补货原则，可以显著降低库存量。借助与供应商建立拉式补货系统，分销商每种SKU的在手库存就会减少，有些订单正在被制造商加工（在单库存），有些则正在运输的途中（在途库存）。这样，交货频率就能从几周一次缩短到几天一次。"

乔登突然有个想法。他问："吉罗德，如果供应商、分销商与零售商之间的业务全都由一个集成计算机系统来处理，是否所有工作都会变得简单？"

我认真思考这个问题，因为许多公司都对它们的信息技术（Internet Technology，IT）系统感到失望："乔登，我相信你一定看过有公司花费几年的时间去实施ERP系统。在如此艰难的形势下，供应商与分销商之间还存在一定的竞争关系，而且各有各的管理制度和考核标准，如果想协同它们的系统，你觉得结果会是什么？问题非常复杂。倒是让我想起海滩上神灯的故事，我给你讲过那个故事吗？"

乔登摇摇头。

"一个人走在加州的海滩上，发现一盏油灯。他摸了摸油灯，从

第2章 可行愿景

油灯里出现一个灯神。灯神因为被打扰而十分恼怒：'这个世纪，人类已经打扰我三次，我实在很厌烦。不过，既然我已经在这里了，你能够许一个愿望。最好是个简单点的愿望！'

"这个人告诉灯神，他一生都在梦想看看夏威夷，但是，他害怕搭飞机，也不能搭船，因为他晕船。于是，他问灯神，可否建一座加州到夏威夷的跨海大桥？

"灯神十分生气：'你难道不知道那桥得有多长？我得放多少桥墩才能横跨整个海洋？这太复杂了！我不是跟你说要简单点吗？'

"这个人又想了想，说：'好吧，我想知道我老婆在想什么，哪怕这辈子只有一次也行。'灯神看了他一眼，紧接着问他：'那座桥，你要两车道，还是四车道？'"

乔登笑着，同时我做出结论："高德拉特的分销解决方案就能让整个供应链的步伐一致，这可比协同信息系统要简单多了，最重要的是还能快速见效。就算长期来看有协同信息系统的必要，实施分销解决方案也能为它们提供足够的现金流、时间、利润，来赢得窗口期。"

感谢高德拉特的贡献，我已说明了两个完全可行且务实的案例——在四年内实现净利润等于目前的营业额。这些案例适用于任何存在市场瓶颈的公司，无论是项目型销售还是分销。乔登也可以将此推广到其他缺乏订单的公司。

突然间，乔登提醒我："吉罗德，你前面问到，为什么这些解决方案对于公司的执行主管而言并不是显而易见的？"

可行愿景

我回答:"今天很多管理者都坚信,解决复杂问题的方法是将系统割裂成许多可以管理的模块。基于这种信念,推动各部门进行独立改善就成为常态。比如,精益、六西格玛和其他方法论都致力于在组织的每个地方降低异常,而这是庞大的工作量,这些方法论都很不错,但我的问题是,我们能否用更少的努力,就能得到更好的结果?"

在这两个可行愿景案例中,公司都在大幅降低浪费,也自然地降低了阻碍有效产出的过剩库存,还大幅降低了过期报废。

我继续说:"高德拉特有条基本信念,就是所有案例背后所遵循的规律,即任何复杂的组织都有其固有的简单性。这固有的简单性决定组织的有效产出,你不能将一个组织割裂成许多模块来寻找简单性。事实上,应该恰恰相反才对。我们必须将整个组织视为一个系统,才能找到改善的杠杆点。接下来,要撬动杠杆点,就必须促使所有部门聚焦于共同的整体改善方案,迈向可行愿景。如果没有可行愿景,所拥有的不过是一堆改善项目罢了。"

小结及下一步

今天,大多数公司管理复杂性的方式,是将组织割裂成许多较小的、可管理的模块(功能模块,然后再划分成各个部门),并在每个部门寻找改善空间。因为大多数的职能部门是成本中心,自然会专注于降低成本。这给组织带来的往往不是改善,而是更大的问题。

为达成高德拉特所倡导的巨大改善,必须建立可行愿景,应用新

第2章 可行愿景

决策模式管理组织。新决策模式寻找固有的简单性（即杠杆点）来管理复杂性。我们的基本假设是，任何系统的有效产出都取决于少数几个因素。而正是这少数几个因素决定着组织固有的简单性。

如果你认同这一点，那么问题来了："整个管理团队必须将所有的努力集中在哪些因素上，才能获得最佳的改善成果？"下一章，我们将讨论这一方法论的基本概念。

第二部分 新决策模式

第3章　复杂问题简单化

"问题越复杂，解决方案就一定要越简单，否则根本行不通！"

第3章 复杂问题简单化

概述

绝大多数组织在解决复杂问题的时候，会把组织割裂成不同的职能部门，并且要求每个部门找到自身的改善方法。我称之为"盲人摸象法"。在改变它之前，我们必须理解为什么"盲人摸象法"会阻碍我们达成可行愿景，而且往往无法给组织带来整体改善。

改善

目前在管理领域最让人头痛的一条指令就是：改善。对此，人们的反应通常是：

- 改善产生的副作用已经让我焦头烂额，不要再来烦我了。

- 你到底想让我做什么，是履行我自己的职责，还是完成改善项目？我没时间两个都做。

- 别再来了！这个月还有其他项目要做。

从这些反应来看，任何管理者哪怕想推动微小的改善，也很难受到大家的坚决拥护。

管理者还发现，为了部门的改善会处处和其他部门竞争资源，矛盾激化就不足为奇了！即使一个部门经理成功地完成了自己的改善项目，他还是得面对其他部门或者相关企业（供应商、分销商、零售商）的配合，那么整体的改善效果还是会被削弱甚至完全抵消。部门

> 可行愿景

间的紧张关系不仅体现在改善项目的实施上，还深深地渗透到组织的日常决策和对管理有效性的判断之中。有这样一个真实案例：

采购部经理被领导告知要进行改善，于是他决定减少公司的原材料采购成本。对于部分关键原材料的采购，他用本地的低价原材料来代替原来进口的高价原材料。这位经理声称每年为公司节省了7000万塔卡（孟加拉国货币）原材料成本，相当于130万美元。但是，本地供应商的质量开始无法满足客户的要求。生产部经理计算出由于原材料问题给公司带来的损失超过8万美元/天。这样算来，每年在采购上节省的成本，两星期就被耗费光了。可想而知，两个部门的关系也好不到哪里去。

加法法则

"盲人摸象法"把一个组织割裂成各个部门，并单独考核各部门的改善程度，这是导致部门冲突的根本原因。对于成本部门（如采购、生产、工程）而言，改善自然就聚焦在成本削减和效率提升上了。在这种决策模式下，成本被视为完全遵循加法法则，各个部门的成本加在一起等于公司的总成本。因此管理者把任何局部成本的降低都看作"好事情"，他们简单地认为任何局部成本的降低都可以直接转化为公司总成本的降低。公司内部到处推行改善方案以降低成本与浪费。

如果你拥有无限的资源，并且你的成本确实遵循加法法则，那么这种方法非常有效。但是，我们知道每家公司的资源都是有限的。另外，加法法则真的符合实际吗？如果我们把一家公司的运行冻结在一个时间点上，确实各部门的成本之和就等于公司的总成本。因此，成本确实是遵循加法法则的。然而，我们回想前面那个采购部经理的案例，单个部门成本减少却给整个公司带来相反的效果，成本变化所产生的影响并不遵循加法法则。

这个案例清楚地告诉我们，单个职能部门的成本改善对公司其他部门的影响是很显著的，甚至会影响到相关公司。然而，大部分公司的管理者并不理解这一点，当然更不会考虑到部门行为对供应链上其他所环节所产生的影响。更重要的是，如果不能认识到这一点，管理者不可能做出持续有效的决策。

加法法则的最终效果甚至比偶尔失误的决策还糟糕。应用加法法则，就是鼓励各个部门各自为政。如此一来，组织几乎不可能找到（更别提充分利用）一个凝聚公司各部门能量的杠杆点，如下面的例子所示。

成本会计：破坏改善的杠杆效应

正如约翰逊和卡普兰在《管理会计兴衰史——相关性的遗失》一书中所写的那样，无效的管理会计系统会阻碍卓越的产品开发、流程的改进和市场的推广。

我只想补充一点：这也会削弱公司实施跨部门改善的杠杆效应。对于高管来说，理解并改变他们的绩效管理是实现可行愿景非常重要的一部分。

> 可行愿景

成本会计失真案例1：评估整体绩效

成本会计的问题之一是它无法有效地衡量整体绩效。举例来说，通信、汽车和IT等各个行业的公司都在不停地生产，甚至它们的生产数量远远超出了消费者需求。你觉得这是为什么？

其中一个原因就是成本会计考核生产部门效率，鼓励他们尽可能地利用资源。机器和人力的利用率越高，生产部门呈现的效率就越高。成本会计还会把生产出来卖不掉的库存在公司的财务报表上记作"资产"；通过降低销货成本，显示高额的利润[①]。

此外，例如汽车制造商，它可以在短期内把库存转移到汽车经销商——供应链的下一环。从成本会计的角度来看，这种库存转移被看作汽车制造商的销售，会让公司的业绩很好看。然而，除非终端消费者购买了汽车，否则整个供应链没人真正卖出任何东西。这会导致整个供应链拥有的库存远远超过了市场上消费者的需求。库存在制造商的损益表上被记为"销售"，这完全扭曲了事实真相。所以，汽车制造商势必将降低自己和经销商的利润来刺激消费，可是这样会造成下年度新车的销量减少。事实上，整个汽车供应链的情况也越来越差。可笑的是，成本会计所呈现出来的业绩却和现实恰恰相反。

今天，无论一家公司运用的是传统的成本会计还是它的替代品，包括比较常见的作业成本法，成本分摊的失真情况依然存在。

这种失真代表了一种模式的失败：把复杂系统割裂成许多小部

---

① 由于成本会计的失真，当一家公司的期末库存比期初库存多时，销货成本会人为地减少。

分，并试着最优化每个部分。这些扭曲的判断是如此主观，以至于在会计界有个流行的笑话。当你问一个会计"这个东西的成本是多少"时，会计会说："你想让它是多少？"这并不是在责备会计界。会计师一直在寻找更好的方法，以协助管理者做出更有效的决策。我们只是单单指出目前成本会计系统里固有的失真而已。

成本会计失真案例2：如何判断应该自制还是外包

成本会计作为管理复杂系统的一种方法，会误导公司相信外包节省成本。这种情况在制造外包和服务外包方面都可能发生，包括IT服务外包。伴随着成本分摊，公司会关注每个部件的"成本"。例如，实际原材料成本加上分摊的人工成本以及其他管理费用，成本分摊得越多，你越会感觉外包比较划算。而通常情况下，成本分摊的方法是非常主观的，它不考虑对组织整体所带来的影响。

例如，一位经理决定把一个部件的生产外包给供应商，可是很多分摊成本事实上并没有转嫁掉。如果一个工人用10%的工时生产这个部件，当部件被外包之后，他的工资是否下降10%呢？答案是完全没有。那么，这家公司原本用来生产部件的设备的折旧少了10%吗？不可能。那么热能、电力以及其他运营费用是否也减少了呢？可能有一点减少，但是比起之前分摊到单个部件的费用可要少很多。很多分摊的成本并没有真正地节省下来，而外包商收取的费用一定比原材料成本高得多。所谓的"节省"都是虚幻的。事实上，很多情况下外包成本更高，并且还会降低生产的柔性和利润。

可行愿景

其后续影响还远不止如此。想想一些美国公司的遭遇吧，它们决定把制造外包给远东地区，这导致产品和服务的前置期变长，整个供应链的库存激增。对一些公司来说，生产周期变长意味着对市场需求变化的响应也变得迟钝。这就会造成畅销品缺货，客户流失，滞销品积压，品牌影响力下滑。

在其他方面也会出现相似的情况，成本会计妨碍了人们对新设备投资的判断，对利润中心的判断，以及对产品线获利能力的判断。

如果一家公司在糟糕的管理会计支持下不断做出糟糕的决策，它将很快与可行愿景背道而驰。

简明的决策模式：有效产出及决定有效产出的少数几个因素

为了成功实行可行愿景，高管要做的不仅是消除失真情形（当然这一步骤本身也十分重要），还需要一种撬动资源的方法，改善正确的地方，从而搞定复杂系统。

在全局性的决策模式指导下，有效产出就好比一根链条的强度，提高有效产出的能力取决于链条中最薄弱的一环。为了创造有效产出，各个部门各司其职，营销部门必须创造产品或服务的需求；销售部门必须达成交易；采购部门必须让材料准时送达；工程部门必须设计实用产品；生产部门必须及时生产高质量产品；物流运输必须畅通无阻。如果任何一环被卡住，有效产出就为零。

为了增加有效产出，必须找到并改善整个链条中最薄弱的环节。如果改善的不是最薄弱环节，那么链条的强度就不会增加，有效产出也不会增加。因此，聚焦最薄弱点（即杠杆点）的方法，与基于成本会计的决策模式下各个部门遵循的加法法则、只关注自身改善的方法是背道而驰的。

我们以一个真实的金融机构为例。这家公司知道如果要改善业绩，就需要更多的抵押贷业务。公司现金比较充足，也不缺乏申请抵押贷款的客户，那么杠杆点在哪里呢？每一笔抵押贷申请必须经过专家认证、标准审查、核保分析等一系列的过程才能最终完成。很多客户在递交申请后几天内没有得到任何回音，就会撤消申请。在所有的环节中，最大的杠杆点是核保。大部分客户的申请在核保人面前要积压三个星期甚至更久。令人惊奇的是，该公司并不需要更多的核保人。在旧决策模式下，公司追求局部效率最大限度地利用核保人的工作时间，让核保人同时处理多个抵押贷申请，产生了不良多工（在不同申请之间频繁切换）的现象。

一旦发现自己的杠杆点在哪里，并且认识到局部观的负面影响，公司就能轻松地提高核保速度，从过去的三个星期减少到两天。想象一下，如果这家公司打广告让更多客户前来申请的话，会发生什么？

固有简单性越来越重要

今天的市场环境，可比几十年前要复杂得多。在20世纪80年代，市场远比现在稳定，产品生命周期比现在长得多，那时互联网都不存在。反观今天，在分析一种行为的影响时，要考虑的因素就多了。管理者在面对越来越复杂的问题时，迫不得已把庞大的组织切割成一个

可行愿景

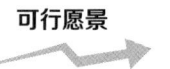

个独立的小单元来处理。

因此,即使是执行总裁级别的人,也会误解一项行为所导致的后果。这种风险比20年前高出许多。随着向组织的金字塔下方不断移动,误解的风险就逐渐增加。一般而言,管理层级越低,管理者的视野就越狭窄。

随着整个环境的复杂化,在整条供应链上也催生了"盲人摸象"的思维。供应链上的每家公司都把自己看作完全独立的单位,它们认为自己和链条上的其他组织并不相干。结果,它们忽略了自身的行为对整个供应链的其他环节所带来的严重后果。

小结及下一步

高管需要实行一种简单有效的决策模式,把整条供应链上的各环节都联合起来为可行愿景一起奋斗,而不再是铁路警察,各管一段。管理者能更清晰、容易、准确地预测他们的决策和行动所能产生的影响。新决策模式一定要避免上面提到的所有错误和扭曲。

为此,每位高管必须克服四项主要挑战:

(1)找到改善的最大杠杆点,不是在单个部门,而是在整个组织。只有找到杠杆点,才能把目前的营业额变成四年后的净利润。

(2)确认组织中每个部门应该做什么,以撬动杠杆点。

(3)消除扭曲的绩效管理,开发一套新绩效体系,让管理者了解他们的决策对整条供应链影响的前因后果。

（4）发展一套运营体系，为高管团队在日常工作中提供早期预警，预防灾难发生。这会保证他们将主要精力聚焦在杠杆点上。

这本书余下的章节将提供可落地的方案，来帮助你战胜这些挑战。

第4章　极简决策模式

"通常，复杂只是对无知的掩饰。"

第4章　极简决策模式

在大部分情况下，高管团队通过整体指标（如净利润、投资回报率等）来做决策。然而，这并不意味着中基层管理者也会这样做。事实上，只要一个组织被割裂成许多部门，并分别考核各部门的绩效，局部的行动就开始了。

为了实施可行愿景，新决策模式必须：

（1）找到巨大的杠杆点；

（2）将任何局部的行动和决策与其对公司整体的影响联系起来；

（3）消除扭曲现象。

下面将要描述的新决策模式已经在横跨整个供应链上的许多公司中得到实施，并被广泛运用于市场营销、生产、工程、项目管理、分销和公司战略中。根据许多案例报道所进行的研究，平均的改善效果十分显著，改善效果如下：

- 交期平均缩短70%。

- 准交率平均提升44%。

- 库存平均降低49%。

- 收入平均提升63%。

- 盈利能力提升116%。

第一项建议是，从烦琐、复杂的成本分摊系统中摆脱出来，引入一种十分简单的决策模式。本章将描述这种新决策模式，并在接下来

> 可行愿景

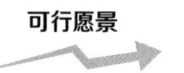

的几章中阐述它在供应链每个关键领域的应用。

五个决策主题

为了有效运作,新决策模式必须成为一个指南针,引导各个层级的管理者做出好的决策。它包括以下五个方面:

1. 系统的整体决策

新决策模式必须帮助管理者判断一项局部决策对公司整体的影响。例如,它必须帮助管理者清晰区分在哪里库存是一种资产,而在哪里它是一种负债;它必须驱动供应链中的每个成员通过供应链实现真正的销售,而不是面向供应链的下一环来销售。

2. 投资决策

一位CFO说:"如果将公司五年来所做的每笔投资都存入银行,按最低利率计算,公司比现在还要赚钱。"一位总裁则说:"投资计划中所列的费用样样成真,收益却很少实现。"实际上,对公司而言,只有当更多的产品被生产和销售时,或者实际成本消减之后,该项投资才真正实现盈利。新决策模式必须让人清晰地判断投资结果能否实现。

3. 利润中心

许多公司把部门变成利润中心,以协助判断是否某项产品或服务值得投入,是否能防止浪费,是否能促进具有竞争力的服务水准或降低成本等。例如,很多IT部门就是被当作利润中心的角色来设立的。

在此,我必须直言不讳。当公司把一个IT部门当成利润中心,将其费用分摊到其他部门，而其他部门又无法掌控这笔费用时，对这个利润中心的批评就不足为奇了。什么时候起，IT部门居然拥有一个利润账户了？

利润中心让不同的部门自动进入到一种"你赢我输"的情形。利润中心使用成本分摊方式来证明它收费的合理性并且增加它的利润。它的"收费"越多，赚得的"利润"就越多；公司内部客户的"付费"越多，这些客户的"损失"就越大。这很难让人相信，大家是在为同一个组织工作。更可悲的是，当这一切发生时，公司账户里的钱并没有增加。

新决策模式鼓励真实利润中心的考核方式，阻止虚假利润中心的无谓做法。

4. 自制还是外包

如果你正管理一家工厂，并面临降低成本的压力，那么这家工厂应该把部分生产外包给其他"更便宜的"工厂，还是自己生产？应该外包给本地供应商，还是海外供应商？

一位大型服装制造商的管理者介绍说："当公司将在美国的生产外包到墨西哥时，只计划推行5年。5年后，美国相关法规可能有所改变，也许会准许从中国进口这些商品，那么直接成本将降低30%。"

许多美国制造商不再制造任何商品。我并没有暗示这是好还是坏，然而新决策模式使管理者更加容易理解：公司自制还是外包？对整个公司的成本和有效产出真正的影响是什么？质量会变差还是更好？对前置期会有什么影响？对销售又会有什么影响？

5. 产品定价

令人难以置信的是，公司减少亏本的产品，结果却变得更糟。在一个制造多种产品的公司，管理者将间接成本分摊到每个产品上来判断该产品的定价是否有利可图。然而，当某种产品因为亏本而停产时，间接成本并不会因此消失。管理者经常预测产品的销售，结合上述错误的成本分摊来计算产品利润，最终决定是否投资产品线。而基于预测产品的销售来计算产品成本，可靠性堪比长期的天气预报。如果预测是不准的，产品成本的计算将是错的，那么估算出的定价也是错的。在我的经验中，基于产品的销售的预测百分百不准。

新决策模式——第一部分：T、I和OE

新决策模式下，仅需三项全局性指标就可以衡量任何级别、任何决策的影响（见图4.1）。

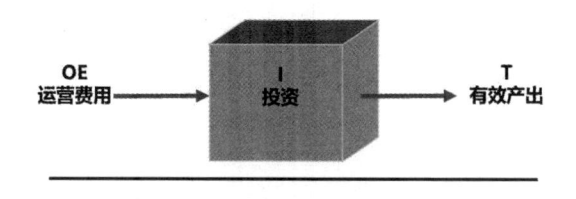

图4.1 决策管理的三项全局性指标

有效产出（Throughput，T）是组织创造目标单位的速率。对营利组织而言，目标单位用钱来表达。计算有效产出的方式是，在一段时期内，销售产品或者服务从客户处获得的收入，减去对应产品或者服务的原材料成本，及其他付给供应商的直接费用。有效产出相当于付钱给供应商之后剩余在公司银行账户的钱。因为有效产出是一项"速率"值，所以可以用每小时、每周等来表达。需要注意的是，除非公司收到客户的钱，否则不算有效产出。

为了创造有效产出，公司需要进行投资（Investment，I），包括在一段时期内的资产（房屋、设备、计算机系统等）和库存投资（原材料库存、在制品库存和成品库存）。

在一段时期内，公司将投资变成有效产出的花费，称为运营费用（Operating Expense，OE）。其中包括员工薪水、折旧费用、耗材成本、暖气费、电费、房租等。

从上述三项全局性指标衍生出两个公式：

- 净利润=有效产出−运营费用

- 投资回报率=净利润/投资

通过T、I和OE三项指标促使行为改变

管理者在新决策模式的指导下判断应该采取什么行动，并且根据行动对有效产出、投资、运营费用的影响来做最终决策。如果他们制定一项决策，却不知道对公司的有效产出、投资和运营费用会有什么影响，他们怎敢如此轻率地提出建议呢？

大量案例展现出有效产出会计的简单性、指导性以及强大的威力。在第3章所讨论的案例中，采购部经理以节约采购成本作为决策依据，以较便宜的本地供应商取代海外的原材料供应商，共节省了130万美

可行愿景

元。在新决策模式下，该采购部经理会被要求计算这项决策对整个公司有效产出、投资、运营费用的影响，而不仅仅是采购成本的节约。

采购部经理怎么样才能提前知道原材料改变对生产的影响呢？这项决策同时影响到运营费用和有效产出，因此采购部经理和生产部经理在做决策前，应该提前做好新材料的试验来评估它的影响。此案例的实际计算如下：

1. 对有效产出的影响

- 原物料成本下降130万美元；

根据生产测试的情况，因为原材料的质量问题，收入每天损失82 800美元。

- 收入每年减少2980万美元。

2. 对运营费用的影响

根据生产测试的情况，浪费金额每天增加4000美元。

- 运营费用每年增加144万美元；

原本20万美元的库存持有成本，大概下降10%。

- 运营费用每年降低2万美元。

3. 对投资的影响

从海外供应商换成本地供应需要购买新的检测设备：

- 投资增加3.5万美元；

◆ 原材料库存降低20万美元。

如果按照第3章的决策执行，预期的结果如下（请注意，下面的三角形记号表示该指标的变化）：

△T=130-2980=-2850（万美元）

△OE=144-2=142（万美元）

△I=3.5-20=-16.5（万美元）

可以看出，虽然库存投资降低了16.5万美元，却严重影响到有效产出和运营费用，这显然不是好决策。此外，采购部经理的出发点是通过本地采购，降低成本并缩短交期。如果在执行过程中没有与生产部门协作，这将造成可怕的后果。

如果继续"盲人摸象"的操作，那么可以肯定的是，采购部经理在做决策时并不会考虑对公司整体所造成的负面后果。按照新决策模式，了解到决策对公司有效产出、投资和运营结果的影响，采购部经理将致力于寻找符合目前水准的本地供应商，并将减少对生产线的影响视为其工作任务的一部分的要求。他的绩效指标将不再是局部的提升，除非达到整体改善，否则他不会感到满意。

对可行愿景而言还不够

单单是有效产出会计，还不足以成功实施可行愿景。公司可以找到无数改善项目，远比可用资源多得多，同时，我们可以应用有效产出、投资和运营费用作为参考指标。然而到处启动改善项目，仍有可

可行愿景

能面临公司破产的悲剧，这是因为市场不断恶化或其他一些原因。所以，单单消除对现实的扭曲是不够的。

因此，我们必须回答下一个重大问题：我们将资源聚焦在哪里，才能使公司获得最大的改善？多年前，全面质量管理（TQM）风靡一时，很多组织犯了致命的错误，在公司处处推行全面质量管理。其他流行的改善方法也犯了同样的错误，这些方法大都是无效的，除非把它们用在了正确的问题上。

新决策模式——第二部分：聚焦五步骤

20世纪90年代初期，某些美国大型汽车公司每年亏损几十亿美元。在日本汽车的市场优势、宏观经济和其他几个因素的打击下，它们丢失了市场份额。

同时，一本讲述新流程的著作《企业流程再造》，描述了发生在三大美国汽车公司之一的一个成功案例。通过流程再造，公司改善了应付账款部门的绩效，把工作人员从几百人降到几十人。改善成果损失了大约5 000万美元，对比同年数十亿美元的亏损，只有不到2％的影响。

然而，这家公司最大的问题并不在应付账款部门，这一点显而易见，因为数十亿美元的损失还在继续。并不那么显而易见的是，投资于应收账款部门的资源（大量的信息化投入、公司的顶级项目经理资源、跨部门协作支持）却妨碍了公司去改善真正的瓶颈。理由是，这样做确实对应付账款部门的预算产生了正面效果。

第4章 极简决策模式

正如第3章提到的,一根链条的强度取决于它最薄弱的一环。这家汽车公司拥有剩余产能,其最薄弱的环节是在市场,而不是在应付账款部门,因此,增加销量才是改善的最大杠杆点。

为了得到一个强有力的持续改善流程,高德拉特提出了聚焦五步骤(见图4.2)。一个组织改善的杠杆点是由最薄弱环节的强度所决定的。因此,改善流程的第一步必须是"找到"最薄弱的环节。

> 第一步:找到瓶颈
> 第二步:挖尽瓶颈
> 第三步:迁就瓶颈
> 第四步:打破瓶颈
> 第五步:回到瓶颈
>
> 警告:不要让惯性思维成为系统的瓶颈!

图4.2 聚焦五步骤

在汽车产业中,仅仅确认最薄弱的环节在市场(尽管是重要的第一步),还是没有任何实质的改善。这里有两种处理瓶颈的方法,一种是通过砸钱来解决问题,从而打破瓶颈。例如,当汽车产业面对销售不佳的情况时,我们经常看到大规模的广告促销、折扣及零利率贷款。紧接着的往往却是更大的损失,不然至少也有利润下滑的压力。这是处理瓶颈的一个重大的教训。

必须记住,"成本的重要性并不亚于有效产出"。所以在投资瓶颈前,高德拉特提出处理瓶颈的第二种方法,也就是他设置的流程的第二步——挖尽瓶颈。

可行愿景

第二步，意味着，当本案例中的瓶颈——客户走进你的汽车展厅时，请不要浪费它！"挖尽"的意思是尽你所能榨干瓶颈。如果客户想要一辆定制的车子，而展厅没有，同时制造商也有相当多的剩余产能，那就"不要浪费产能去制造没人要的车子"。决定如何挖尽的方法是，设法去制造客户所要的定制车辆，并保证在3周内交车，而不是12周。

为了挖尽瓶颈，供应链的其他环节必须配合挖尽的决定。第三步：迁就瓶颈。这要求每个部门都要全力以赴支持这项"挖尽"的决定。我们不想再听到什么生产效率，也不想让应付账款项目连续数月占用宝贵的项目管理资源。瓶颈在市场，而不是在生产，也不在应付账款部门。如果生产和财务效率低下反而有利于迁就上述决定（判断条件是最终的有效产出、投资和运营结果会更好），那就不算问题。

这是个真实的案例，在20世纪90年代中期，一家汽车制造商严格执行这些步骤，从而获得了杰出的成果。

第四步：打破瓶颈。这意味着投资瓶颈。在这一步中，我们常看到公司投入更多的资源，购买更快的机器，开拓新市场，开发新产品，或者进行其他投资以打破瓶颈。我们甚至还看过许许多多的案例，仅仅实行第一步到第三步，瓶颈就已经被打破了。

假如汽车公司的瓶颈是在市场，同时正确地执行第二步、第三步和第四步，我们将获得更多的销量。我们再次执行这些步骤，使用一些新决策来挖尽瓶颈，那么，我们也将再次获得更多新销量。然后，我们再试一次，却失败了。这是怎么回事呢？因为，我们成功地增加了销量，可是瓶颈却转移到生产了。

第五步：回到瓶颈。回到第一步，让公司启动持续改善流程。我们从未见过一家公司无限赚钱。因此，公司总会有一个瓶颈。当瓶颈被打破之后，接下来的问题是"新瓶颈是什么？"事实上，正确的做法是，事前就要思考："下一个瓶颈是什么？"这样才能准备充分，防患未然。

整合T、I、OE和聚焦五步骤

前面我们描述了决策的五个步骤，现在整体架构已经就绪，我们将阐述如何将错误决策转变为正确决策。

之前，部门以"盲人摸象"的方式运作。投资新设备时，只要找到足够的成本来分摊就可以了。纸面数字看起来的确不错，但实际的成本是"省"不下来的。我们要将这些失真现象丢到垃圾筒里，永远不再让它出现，并应用新决策模式去检验设备投资的可行性。

通过聚焦五步骤中的第一步和第二步，我们有能力去评估新设备将对有效产出产生的真正影响。与只影响运营费用的投资相比，对瓶颈环节的投资将大幅度提升有效产出，也会产生更高的投资回报。这就是确认瓶颈所带来的威力。

当然，我们仍然需要对投资项目进行评估。第一个问题是："我们希望通过这项投资，给公司的有效产出带来怎样的改变？"第二个问题是："运营费用会有什么改变？"因为新的设备通常会带来折旧以及其他方面（维护保养、零件、工具等）运营费用的增加，所以很容易

可行愿景

计算出所增加的运营费用。此外，新设备也可能带来加班费甚至人员方面的支出。第三个问题是："投资会有什么改变？"我们依据以下简单的公式计算投资回报率，避免任何成本分摊的扭曲现象：

$$ROI = (\triangle T - \triangle OE) / \triangle I$$

第三步提供了一个极佳的指导方针，以判断投资所产生的影响。在前面的汽车公司案例中，销售部门迁就瓶颈，意味着短期销量会下降。制造商停止压货给经销商，随着库存的降低，经销商减少了数十亿美元的汽车投资。制造商这样做是因为它聪明地意识到，即使库存登记在经销商的账本上，除非车子被卖掉了，否则仍然是自己的心病。

小结及下一步

终于我们有了一种方法可以克服成本分摊的扭曲现象。新决策模式——T、I、OE和聚焦五步骤，对管理者来说，这是一种全新的语言；对可行愿景而言，这是一种坚实的基础；对撬动组织的杠杆点来改善企业的威力而言，本章所举的案例仅仅是冰山一角。

今天的企业中，瓶颈在市场的约占70%。因此，我们会在下一章描述如何将新决策模式应用于市场开发。如果你的瓶颈不在市场，你可能会有其他的疑问，例如：

- 在关键路径提出50年后的今天，为什么74%的项目不是延迟就是超支，或者内容不达标？

第4章 极简决策模式

- 我们究竟如何才能从IT投资中获得一些实际回报?

- 我们如何打破经典的分销悖论：一个地区缺货的同时，另一个地区却在积压?

不要担心，这些疑问和其他更多问题，都可以通过这套威力强大的新决策模式来解决。如果你愿意，可以自行跳到描述你的公司目前瓶颈的章节。当然，在第5章中，分析出的结论会让你眼前一亮。你会发现，许多公司都白白浪费了它们先前为寻找客户而做的努力。这就是下一章的主题。

第三部分
可行愿景的组成模块

第5章　市场营销

"市场营销——在地上撒谷子，把野鸭子引进来；销售——拿起枪射击地里的鸭子。如果鸭子没有进入你的地里，不要责怪销售！"

第5章 市场营销

根据我对市场营销的定义，现在大多数公司里都找不到所谓的"营销"。相反，你经常可以找到一堆任务，如销售支持、销售培训、广告、推广、促销以及其他的项目，它们名为市场营销，实际上并没有承担起市场营销所扮演的重要角色。进一步来说，如果没有指出真正的营销问题，公司最终不过是在浪费销售上的投入。

大约70%的公司目前的瓶颈在市场。这就意味着如果公司有更多的订单，供应链就能满足它们。但是如果没有足够的鸭子在你的地里，那就不能仅仅局限在你的销售培训、广告和促销上。成功的市场营销就应该是将很多鸭子吸引进你的地里，然后用胶水粘住它们的脚！但问题是：为什么你的"谷子"没有吸引更多的客户进入你的市场呢？

就算是那些现在订单充足的公司仍然需要考虑到，技术上的优势是很容易被竞争对手模仿甚至超越的。看看过去十年里，在很多毫不相关的行业中，市场预测都不过是一种误导，如钢铁、铝业、高科技、旅游和医疗等。现在没有一个行业，可以在市场的震荡中独善其身，除非你实施本章所说的步骤。

为什么市场是普遍的瓶颈

现在很多公司都是"盲人摸象"，聚焦内部而浪费了真正的潜在客户。也就是说，大多数公司都过分专注于它们的产品特性，以至于对不同市场上客户真正的关注点视而不见。它们关注设计、制造、产品上市所花费的成本和投入，把管理部门的间接费用分摊到了产品成

> 可行愿景

本上,从而得出产品"公平"的价格。对于供应商来说,一个"公平"的价格就是分摊费用、实际成本再加上合理的边际利润之和。这种基于成本的认知价值被僵化地嵌入了定价策略、管理制度以及对销售员的培训当中。

除非供应商处于一个垄断地位,否则,客户认知价值至少也应该和供应商的认知价值一样重要。客户的认知价值建立在产品和服务解决的问题以及由此得到的好处之上。产品帮助客户解决的问题越多,客户的认知价值就越大。

市场营销的职责就是比起市场上其他竞品,增加客户对自身产品的认知价值。进一步来说,市场营销必须根据客户认知价值定价而不是基于成本分摊定价(不是基于供应商的认知价值)。客户认知价值越高,定价就可以越高。因此,市场营销必须采用聚焦五步骤去聚焦比产品特性更重要的东西。

市场营销的聚焦五步骤

对于70%的公司,我们已经成功地完成第一步:找到瓶颈——我们的瓶颈在市场。

在应用第四步"打破瓶颈"——投入资金寻找更多的潜在客户以前,我们不要浪费存量的优质客户。因此,我们必须遵循聚焦五步骤。为了挖尽瓶颈,必须纠正过去将供应商的认知价值强加在客户身上的错误。

第5章 市场营销

挖尽瓶颈（不要浪费客户资源）

如果市场营销成功地吸引了正确的鸭子进入你的地里，但是销售却不能够达成交易，公司就必须判断问题所在。一些公司在没有深入分析的情况下，本能的错误反应就是更换销售员和管理者。它们没有营销方法验证客户的认知价值，只是根据供应商的认知价值，就盲目相信它们的产品定价。没有正确的市场营销指导，销售员只能把产品特点作为弹药去对客户"胡乱扫射"，而不是聚焦于潜在客户的问题。要知道，一旦你尝试去射地里的鸭子却失败了，那么鸭子就不可能再待在那里，它会飞到其他人的地里去。

分析那些向我们说"不"的客户案例，可以得到如何射地里的鸭子的正确答案。使用帕累托法则（即二八法则）和简单的市场调查，就可以整理出大部分潜在客户不成交的原因。至少，"挖尽"要求你必须拥有高准交率、短交期和令人满意的质量。这是第一个需要检讨的地方：为什么客户不吃你的"谷子"？

第二步（挖尽瓶颈）就是对上述客户不成交的原因的第一反应。例如，如果很多潜在客户回答可以向你购买，但是你的交期太长，那么市场营销就有了一个合理的起点去认定交期是影响现有意向客户成交的关键。

一个真实的颇具影响的例子是一家飞机维修公司。它的供应商的认知价值是：在停机棚、精密设备、国际执照和高级技术人员方面投入数以亿计的资金，进行宽体飞机的拆解、将客机改装为货机、测试

可行愿景

和重新组装每一个部件等复杂工作。这家公司的价格很有竞争力，但在一个红海产业中，光凭价格想拥有足够的订单是远远不够的。

当把客户的认知价值作为标准，重新审视丢单原因时，这家飞行维修公司发现关键在于交期。为了挖尽瓶颈，公司使用第8章提到的技巧，将平均12周的交期缩短到只有2周。当公司告诉客户波音747仅仅需要在飞机棚里停2周而不是12周的时候，就相当于让客户收到了多运营10周的大礼。波音747可不是出租车，每天的价值远不止60美元。结果是，排队的订单从3个月增加到1年。这意味着，客户宁可提早1年去预订这家公司的服务，也不选择其他的竞争对手。

不幸的是，大多时候，改善方法被盲目地全面实施而不是致力于挖尽瓶颈。例如，一家经销商决定实施六西格玛去减少产品报废。在未考虑市场瓶颈的情况下，库存管理人员审查了订单流程。为了接近六西格玛的目标，这家经销商决定采取行动减少主打产品的现货数量。它相信：产品报废时间不可预测，只有持有的库存越少，产品报废才会越少。经过数月的努力，它减少了库存报废，每年节省报废成本400万美元中的20%，即80万美元。与此同时，销售副总被缺货逼得大叫"可恶"。仔细评估缺货影响后，销售副总发现，缺货导致销售额在一个月中损失了390万美元。以这家经销商平均27%的利润来算，这相当于每月损失100多万美元的利润。

因此，这家经销商必须以有效产出、投资和运营费用为准绳，应用确认瓶颈和挖尽瓶颈的方法去阻止这种无谓的做法。当经销商应用聚焦五步骤去复盘时，第一步就清晰指出：它的瓶颈是在市场。为了挖尽瓶颈，它需要更多正确的库存。下一步迁就瓶颈，讲的是它要在挖尽瓶颈的同时减少报废。

迁就瓶颈

经销商在应用第三步时，库存管理人员改变了策略，他们和供应商谈判退还过期的库存，因此节省了225万美元。然后，把节省的一部分现金拿来储存更多产品，大大增加了销售量。他们在复杂的组织中找到了固有简单性，最终干出了出色成绩。

在实行第三步的时候，运营、工程、配送、财务等部门必须采取行动确保客户资源不被浪费。通常来说，这些行动是与部门人员的直觉背道而驰的。当瓶颈在市场的时候，要知道客户是非常珍贵的。每个部门必须遵循"医生"的信条："当务之急是，不要造成伤害。"

对运营部门来说，迁就瓶颈就意味着合理的运营管理，确保准时交货，快速交货；对分销部门来说，迁就瓶颈就意味着供应链每个地方都有恰当的库存，及时满足客户的需求；对设计部门来说，迁就瓶颈就意味着快速设计，快速开发。同样，财务及其他部门也要做出对整体有利的事情，其中的每件事都值得在书中用一章来介绍。

在应用聚焦五步骤之前，面对不断恶化的经济形势，分销商采用的是紧缩信贷政策。于是，销售员不得不花双倍的时间打电话给新客户去收集更详细的信用记录。批准信贷申请的平均时间从2天增加到6天。但是，请记住，瓶颈在市场。

可行愿景

为了让财务人员加快评估信贷申请,他们需要问以下的问题:

- 流程上的改变会对有效产出、投资和运营费用造成什么影响?
- 是否有办法从改变中获得收益却不带来负面效应呢?

为了迁就瓶颈,财务部门必须问自己:

- 我们部门怎样帮助公司产生更多销售呢?

因此,为了迁就市场瓶颈(而非现金流),财务部门应该寻找方法加快信贷申请流程,同时也要避免产生其他副作用以确保珍贵的新客户资源不被浪费。

设计"黑手党提案"来打破瓶颈

通常,实施挖尽瓶颈和迁就瓶颈两步,就可能让一家公司达成可行愿景。但是,当公司将潜在客户都挖掘完了,就需要转移到下一步:打破瓶颈,把更多想吃谷子的鸭子吸引进你的地里。在全球化的今天,这些鸭子在决定要在哪块田地驻足之前,会满世界地飞翔或通过互联网来比较许多不同的谷地。

营销部门必须提出问题、分析问题并给出答案:"什么行业级问题是我们的客户遇到却没人解决的?"这是市场分析的核心问题。令人惊奇的是,很多时候,公司并不需要发明或者重新设计新产品就能解决问题,正如以下的例子所展示的:

第5章　市场营销

当营销人员去拜访客户高管了解问题时，通常会引发一种巨大的竞争优势。在对一家持有超过15 000种产品的无线通信公司的分析中，我发现几个不同的市场面临同样的问题。其中一个市场是为项目施工而购买材料的客户，如建造通信塔或者实施网络工程的客户。各个项目经理都会出现第1章所描述的情况（最后一分钟改变产品参数，但是又不能影响交期）。即使不调整任何产品，只是改变生产方式，赋予产品短交期并给予延误项目就赔钱的承诺，该分销商就为项目型客户提供了无法抗拒的提案。

这家分销商也通过零售连锁去销售它的无线通信产品。既然连锁可以以差不多的价格和服务从其他分销商那里买到相同的产品，那么市场分析就必须确定零售业真正的问题并且加以解决。零售业有两个最严重的问题：某些品种的高库存与另一些品种的高缺货。事实上，零售业成功的关键之一就在于瞄准了丰富的产品品种。零售商持有每种产品的库存越多，能留给新产品的货架空间就越少。针对此问题的解决方案十分明确，应用第7章描述的拉式补货解决方案，分销商改善物流来保证零售商减少缺货的情况下减半库存。

今天，很多零售商都在不定期地大批量采购，为了更便宜的折扣；为了满足分销商起订量；为了降低单位运输成本等。但是，零售商不可能精确地知道某种产品的需求量，例如100台某种型号的手机可能只是去年2个月的需求量，但是今年可能就是6个月的需求量。为了避免库存积压或缺货的负面效应，分销商可以让零售商根据前一段时间卖出的数量下单，同时取消根据订单大小给予不同折扣和运输加价的规定。

可行愿景

如果以第6章、第7章中讲到的运营和分销解决方案作为有力支撑，这些提案就会好到使客户无法抗拒。并且没有其他同行可以做到。这就是为什么高德拉特称之为"黑手党提案"。大多数实施提案的公司，没有改变产品，更没有改变价格。相反，它们改变的是行业惯例与行业规则——那些业界的行业惯例和令客户抓狂的行业规则。

每个行业都有这样根深蒂固的政策。例如，在航空业和汽车租赁业，里程积分的政策限制（如使用日期和舱位升级等）阻止了客户享受奖励。美国医疗采购组织（GPOS），它限制医院在产品或者供应商目录之外采购，这种做法把医院都快逼疯了。更有甚者，将这些政策用在了拥有一百多年历史的产业（如钢铁业和铝业中）。

对竞争对手来说，改变行业规则比改变产品功能难度大多了。如今，许多公司能在几个小时或几天内进行逆向工程来抄袭竞争对手的产品，但无法改变根深蒂固的政策。它们视这些政策为经营公司的天条。当这一概念刚被提出时，高德拉特就预测一家公司可以据此获得两年的竞争优势。然而，在我们看过的几个案例中，竞争对手甚至五年内都没有做出任何反应。

尽管"黑手党提案"是一种非常强有力的营销工具，但对于任何一家公司的长期发展来说，还有另一种市场营销策略，这就是区隔市场。

第5章 市场营销

区隔市场

当且仅当一个市场中产品的价格和销量不被另外一个市场的价格和销量所影响时,该市场才是一个区隔市场。因此,区隔市场并不仅仅是简单的利基市场。

区隔市场策略至关重要的法则就是:区隔市场,但不要区隔产品。这就给了公司灵活性,可以根据自己的意愿在不同的区隔市场中调度资源。在任何意义上,没有公司能够可靠地预测每一家竞争对手会做什么。进一步讲,没有任何公司可以准确地预测什么时候新对手或新产品(也许来自海外)将会进入市场并且吃掉它。公司的长期发展需要足够多的"独立"细分市场(如15~20个)。尽管某些细分市场可能遭遇意外的下滑,但是其他市场却在同一时间上升。这样就保护了公司的收入和稳定性,让员工免受市场动荡的影响。

在之前的分销商案例中,公司区隔市场的第一种方法是从地理上区隔;第二种方法是从市场上区隔:前市场销售新产品,售后市场销售备品备件;第三种方法是从产品上区隔,销售其他行业的产品,其销售趋势完全和无线通信产业无关。

应用这两种理念("黑手党提案"和区隔市场)的公司通常会获得持续两到五年的竞争优势,而营收和利润却不会像过山车一样剧烈波动。如此一来,公司处于一个有利的位置——创造远远高于产能的需求。这样就可以反客为主,挑选客户。同时,这两种理念赋予公司足够的预见性以确保员工的安全性和满意度,避免了裁员导致的恶性循环。

可行愿景

惯性思维

当市场瓶颈被打破时（而且一定会被有效的"黑手党提案"以及细分市场策略所打破），公司必须马上执行第五步：回到瓶颈。请注意：当瓶颈从市场转移后，原本所制定挖尽瓶颈和迁就瓶颈的新规则可能不再适用。

例如，如果分销商将他们的交期减半来打破市场瓶颈，从而带来更多的销售，这时他们的内部产能就会成为瓶颈。第五步有一个注意事项：当返回第一步的时候，要仔细检查所有现存的规则，适当地修订，不要让惯性思维变成你的瓶颈。对这家分销商来说，如果继续承诺给所有的项目型客户两周交货，那么它将因违反承诺而永远地失去客户。因此，回到第一步，新规则变成了根据产能答复交期。结果，他们答复交期可能在2~5周，具体要视产能情况而定。然而，在考虑产能的前提下，交期若可以100%达成，公司就可以维护可靠的信誉，而不是让惯性思维成为瓶颈。

小结及下一步

从提供销售支持转型去执行"黑手党提案"和细分市场策略，市场营销部门必须学习和应用新技巧。这种强有力的方法通常在不到一年的时间内就能消除市场瓶颈。如果在你实施之后仍然有市场瓶颈，那么你可能需要加快新产品的研发。关键链作为一种革命性的方法，可以成功缩短25%或者更短的研发周期，这将在后面的章节中讨论。

第5章　市场营销

下一章，我们将向你展示应用聚焦五步骤，并且将其与有效产出、投资、运营费用相结合，带来简单、可控的指数级运营改善。公司将不再声称由于机器损坏或者供应商供货延迟等问题，导致它的生产失控。下一章描述的生产运营解决方案同时也回答了一个重要问题："我应该如何克服'盲人摸象'心态，从而使生产运营可以支持可行愿景？"

第6章 运营

"告诉我你将如何考核我，我就告诉你我将如何行动。如果你的考核不理性的话，那么我的行为很疯狂也没有什么好奇怪的。"

第6章 运营

钢铁厂的管理者宣称他们产能不足，无法准时生产所有的订单，导致了高达40%的订单延误。一位副总带我从头开始参观制造流程：铸钢机将融化的钢水倒进模具里成型，轧成想要的厚度，然后通过冶炼，改变钢块性能，并把钢块轧成不同厚度和尺寸来满足不同客户的需求。我看到车间里到处都堆积着半成品，而厂房外面巨大的场地上也满满地堆放着大量生锈的钢铁卷板。不幸的是，钢铁不是酒，并不会随着时间升值。

这位副总指向地平线的那一端，在那里可以看到竞争对手熔炉的火焰。他说："我们没有足够的场地去储存所有的热轧卷板，所以从竞争对手那里租用场地，并且在方圆50英里内也租了不少仓库。公司每年的库存转速为平均2.5次。"

我感到疑惑不解，为什么他们可以生产这么多产品，却又让它们堆积生锈呢？

同样还在这家钢铁厂，营销副总告诉我，一个西海岸金枪鱼行业的客户，6个月前下了锡罐订单。可惜，这张订单的交付还是延迟了。我很疑惑地问道："既然第一个工厂生产出来的金属通过另外两个工厂可以在几天内就加工成金枪鱼锡罐，客户提前6个月下单，怎么还会延迟呢？"这位营销副总板着脸回答道："都怪铸钢机，我们没有足够的产能去及时生产这张订单。"

他的回答让我莫名其妙。我知道如果有多余的库存，就代表有多余的产能。钢铁厂制造的大多数库存是短期内客户所不需要的，以至于在场地放上好几个月，慢慢生锈。事实上，这家钢铁厂有巨大的剩

可行愿景

余产能，但是管理者似乎在逃避生产客户想要的产品。令人不解的是，为什么这些聪明的管理者会采取完全违背常识的行动？

在指出阻碍运营目标达成的核心问题之前，我将讲述我对运营目标的理解。

运营的现况

通常来说，运营包括产品生产或服务交付流程的顺序和相互之间的作用。在制造业，运营职能就是生产职能；在提供按揭贷款的银行，运营职能包括了抵押保险员、按揭贷款处理员以及贷款批准员所执行的任务。

无论具体的运营环境怎么样，总会有三个主要的目标：

- 准时交付（根据承诺交期交付给客户）；

- 快速交付以满足甚至超出客户期望；

- 有竞争力的产品或者服务（如生产成本、质量等受运营影响的因素）。

那些没在运营部门工作过的人经常疑惑，为什么对运营经理来说这些目标难以达成？这个问题运营经理应该会给出答案。在实际中，即使在一些重复生产的工厂中——每年相同产品被生产成百上千次的工厂，以下几个因素还是会被运营经理经常抱怨：

第6章 运营

- 机器突发故障；

- 供应商送货延迟；

- 原材料质量不达标；

- 员工上班迟到（或者根本没人）；

- 工会不配合；

- 客户变卦。

现实中，真正的抱怨可比这还要多得多。虽然这些抱怨都是正常的，但是，这些抱怨真的就可以解释生产不达标的原因吗？

为了帮助管理者寻找正确的答案，高德拉特创造了一个"天堂工厂"——在那里，所有以上的问题都不存在。当听到这个消息时，运营经理都非常兴奋，他们认为在这家工厂里赚钱是很容易的。然而，在这家工厂工作过的成千上万的运营经理，几乎没有人按照传统的方法实现盈利（你没有猜错，"天堂工厂"是一个计算机仿真软件）。天堂工厂没有任何陷阱，并且软件里呈现的工厂比真实的情况还要简单得多。那么，当以上常见的抱怨都不存在时，你怎样才能解释生产不达标呢？

当你观察经理在运营天堂工厂的方法时，答案开始浮现在你面前。他们努力去满足客户要求的交期时间，有时又看到工人们无事可做，他们的注意力以及时间就在保证工人们有事可做和尽快交付客户产品两者间不停摇摆。他们认为这是合理的需求，运营经理相信，当

可行愿景

每个人都在工作时，他们会生产更多的产品，每个工作站生产的产品越多，交付的产品就会越多。

其实，运营经理并没有充分认识到，试图去保证工人们忙碌，将会导致两个严重的负面效应：一是工人们制造出大量的在制品对满足当前客户需求没有任何帮助，就像钢铁厂的案例一样；二是一旦工人们忙于去做客户现在不需要的产品，运营经理就会忽视工人们本应该在生产客户目前真正需要的产品这件事。工人们的忙碌导致运营经理的忽视，但从考核指标这一角度来讲，一切都是正常的。

运营经理难以找到资源管理的最佳方式，因为墨菲定律（凡事只要有可能出错，那就一定会出错）在运营中无处不在并制造出许多意想不到的问题。问题越多，他们认为环境越复杂。运营经理相信，正是这些问题扼杀了他们可用的资源以及预算，而这两者都是与实现运营目标紧密相关的关键指标。

在关键指标的驱动下，运营经理只有四处救火来应对这种复杂的局面。他们尝试减少机器的故障，雇用更好的员工，到处实施质量改善并寻找供应商改进原材料。无论大火烧到哪里，运营经理都会努力去扑灭它。尽管竭尽全力，运营部门依然难以达到所有的目标。

这些关键指标在不同的工厂表现有所不同。例如在钢铁厂，生产计划员、日常调度员、班组长以及运营经理使用相同的指标来评价成功的运营——吨/小时。每个人都为最大化吨/小时这一指标而奋斗。决定排单的人员会优先选择"快产品"，牺牲"慢产品"。因为将钢板轧成2英寸的厚度比1.5英寸要快，这样我们就可以理解：为什么锡罐的订单会延迟，并且为什么大多数在场地上生锈的钢铁卷板都比一般的厚。除此之外，在钢铁厂，机器换线需要花费几个小时，为了避免过多地换线（换线次数越多，每小时吨数越低），工厂会生产比当前市场需求多得多的产品。结果就是，他们生产出了很多无人问津的2英寸钢板，简直多到可以满足他们子孙的需求。

在烟草厂，考核指标是每班生产的数量。每个制造单元有两个主要的流程：香烟制造流程，用烟草、卷烟材料以及滤嘴做成一根根香烟；香烟包装流程，把香烟进行打包然后装箱。每个流程中，都以每个班次生产的香烟数量为考核指标。因此你经常会看到操作工容许质量不好的香烟传送到包装流程，即使是可以轻易发觉的不良品。你还会看到包装工为了自己产量最大化而逃避必要的机器维修和清洁，结果是下一班的工人要面对更糟的机器问题。

一家生产窗户的住宅建筑公司中镶嵌玻璃的工作区经常闲置，被经理称为他们最大的瓶颈。为了"高效"地生产，每个车间都追求大批量处理。高德拉特描述这些工厂："就像是'看到一条正在吞下一只羊的蛇'"。你可以看到大批量的窗户从一个车间移到另外一个车间，就好像看到一只羊在蛇的身体里蠕动。最后，镶嵌玻璃的工作区要么就是有很多窗户要处理，要么就是工人无事可做。

所有这些案例共同的地方都是把效率作为主要的考核指标来驱动运营人员采取相应的行动。这些局部指标旨在鼓励成本观的运营方式，却常常无意中对系统整体产生相反的影响。我们所描述的就是运营经理进退维谷的困境，他们必须不断地减少浪费——不必要的加

可行愿景

班、废品和低产，试图通过一些效率指标（典型的如人力或机器的利用率以及一段时间内的产量）来实现。为了满足效率指标，他们大批量生产，并生产换线更快的产品，以牺牲机器的预防性维护为代价去满足每一班次的生产定额，甚至生产的数量远远大于市场当下需求的数量。我曾经看过几十个这种案例；专注于生产效率的同时，还需要努力去满足客户交期，并且加快生产流动。为了准时交货，他们发现自己很难兼顾效率指标，这不是偶尔两次的情况，而是一直如此。

局部效率指标已经被使用了几十年，这对于减少浪费是必要的。因为它背后的假设是任何资源闲置都是浪费。换线时机器闲置被认为是浪费；当员工正在等待时（如等待维修，等待工作从另外一个车间转移过来等）也被视为一种浪费。这种思维建立在对浪费的定义上。在生产中，浪费通常等同于资源闲置，这是根据局部影响来衡量的。

我们一再被第3章里所描述的加法法则所迷惑，以为局部效益之和等于整体效益。从整体系统来考虑，这个假设是完全错误的。在钢铁厂的例子中，铸钢机每天运转24小时，每周运转7天，结果得到额外价值7.5亿美元的生锈库存。运营经理还试图让工厂里每个设备尽量100%运转，这更是一种浪费。

因此"资源闲置就是一种浪费"的假设是站不住脚的。事实上，以下的证据显示，让大多数的资源间歇性的闲置是合理的。

在各种运营环境中，生产成品或者提供服务都要通过一个连贯的流程，如图6.1所示。虽然流程并不总是连续的，但总有一个大致的流动方向。我们开始尝试100%利用资源X（100%意味着每小时生产6

个），为了最小化系统中的浪费，我们已平衡流程使得每个资源都以每小时生产6个速度进行生产。

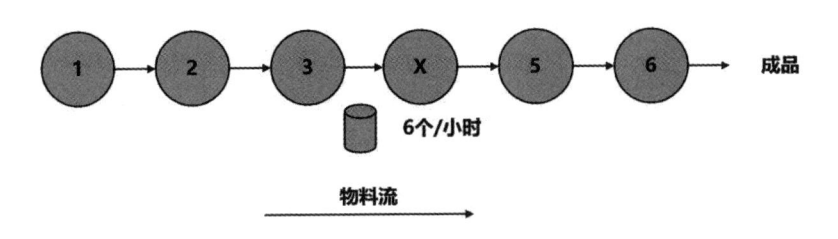

图6.1　资源闲置是一种浪费吗？

但是，每小时生产6个的速度意味着什么？这只是个平均速度。而机器生产的情况是：有时每小时超过6个，有时每小时却不到6个，有时甚至还停产1小时。如果资源X前面那台设备资源3的产量降低了，资源X就会在耗尽物料之后停止生产。为了达到100%的资源利用率，我们非常聪明地在资源X前堆积一定的物料，确保上游资源任何的波动都不会影响到资源X。

现在，当资源1、2或3产量变低时，资源X可以继续工作，在X前面堆积的物料就会被部分地消耗。当上游的资源再次开始生产时，它们将继续为X提供物料。然而，因为它们的产能是每小时生产6个，这与X消耗物料的速度是相同的，所以这个物料堆就永远填不满。当上游流程第3或第4次中断生产后，物料堆被消耗完，那么X就闲置了。

这就意味着，为了100%利用资源X，其他每一个资源都必须拥有比X更大的产能（保护产能）来负责填满物料堆。同时，另一个巨大的问题是如果加入了保护产能，所有资源又要发挥100%的利用率，那么最终会制造超出X所需的更多库存，这些库存将被放在架子上慢慢积

> 可行愿景

灰——这才是完全的浪费。由此，我们得出的结论是：所有资源都必须拥有保护产能，平时不必100%发挥其产能，除非是产生故障后需要补充物料堆。在任何运营环境中，我们都已经证明"资源闲置就是一种浪费"这一假设是完全错误的。

只是证明过去几十年的逻辑错误还远远不够，运营部门必须有一个完整的解决方案来帮助运营经理满足交期要求。同时，将浪费（包括库存、资金、人员）降到最低程度。因此，我们将应用聚焦五步骤来推导解决方案。

按照新决策模式运营

从聚焦五步骤所导出的解决方案被称为鼓-缓冲-绳子，或者缩写为DBR。第一步：找到瓶颈。在过去几个星期的生产中，最大的瓶颈是什么？哪些资源限制了整个系统的有效产出？哪里排队时间最长？跟单员首先到哪里去找被卡住的订单？诸如此类的问题可以帮助找到瓶颈。只要你收集了跟单员、计划员和运营经理的答案，就可以很快找到瓶颈。

高德拉特称运营的瓶颈为"鼓"，这个比喻来自几个世纪前军队的鼓手。一旦鼓手设定了军队里所有士兵的行军节奏，鼓的产能就决定了整体运营的有效产出。因此，在鼓上损失一小时就等于公司损失了一小时。

第二步：挖尽瓶颈。请记住，挖尽意味着我们绝不能浪费宝贵的鼓资源。如果鼓闲置下来等待工作，而这些工作正是客户所需要的，那绝对是一种浪费。为了挖尽瓶颈，我们应该确保鼓的前面一直有缓冲，如此一来，鼓将不会因为上游流程的停滞而受到影响。也就是说，我们的目标是：鼓不会因为上游发生突发事件而停止工作。

但是缓冲要设多久呢？缓冲是以时间来表示的而不是数量，因为鼓加工不同产品所需的时间不一样。缓冲作为一个减震器来防止上游的干扰，所以需要给运营经理足够的时间去克服主要的干扰。根据以往经验，我们建议将现在的缓冲减半，这是一个比较好的改善起点！例如，如果现在鼓前面的工作量（平均）为2天，那么缓冲就应该设为1天。

为了挖尽瓶颈，在第一道工序中，需要一个详细的投料计划。例如，如果原材料流到鼓的时间要花10小时，我们要求它到达鼓的时刻是上午10点，那么就应该在凌晨投料。这个投料计划就被称为"绳子"。为了确保车间的工作流能够及时满足客户交期要求，我们要按原材料到达鼓的时刻倒推原材料发放的时间。

聪明的主管、操作员以及运营经理经常做一些其他的决策来挖尽瓶颈。例如，瓶颈机台优先维修。同时，即使是休息时间，也要确保鼓在满负荷运转。

第三步：迁就瓶颈。这就意味着如果鼓资源宕机，维修人员将会丢下他们手头正在处理的其他工作来快速维修；质量专家将努力在原材料到达鼓资源之前发现问题；采购团队将尽力确保原材料满足质量标准，以提升鼓资源的性能；车间工人需要轮班休息保证鼓资源不会

可行愿景

闲置；鼓资源的主管需要监控瓶颈前的工作流，确保瓶颈不会因特殊情况而停工。

同时，鼓资源必须绑定一份详细的排程，但其他的工作站并不需要，这使得每个人的工作变得更简单。整条生产线像在进行一场接力赛，让订单尽快通过工厂意味着使其快速流向并通过鼓资源，这里采用的是与接力赛运动员一样的工作理念。当订单到达工作站时，尽快处理并迅速传送到下一个工作站。转移批量越小，订单流动就越快。当一个工作站没有工作时，它不能为了保持忙碌状态去生产不需要的产品，相反，它应该处于待命状态，就像接力赛运动员，时刻准备着抓住接力棒。如果一个工作站有多项工作需要处理，工作的优先顺序由到达瓶颈的优先顺序来决定。

缓冲管理是一种监控工作流并在重大中断发生之前提醒我们采取行动的方法。应用帕累托法则（即二八法则）来记录造成缓冲严重消耗的原因。管理层应评估前几周是什么原因导致了最大的缓冲消耗，然后采取适当的措施来应对。例如，如果缓冲被消耗的主要原因是某个供应商供货延迟，那就应该聚焦到采购上。如果供应商表现有所改善，缓冲就可以缩小（我们并不需要如此大的缓冲来防止延误），当缓冲缩小时，交期也因此变短。现在，我们在运营上就有了一套持续改善的流程（POOGI）。

第四步：打破瓶颈。DBR就像是一种控制阀，让我们可以调整运营产能来应对市场的需求增长。我们可以简单扩张鼓资源的产能，但必须记住，要确保其他资源有足够的保护产能来支持鼓资源的排程。

第6章 运营

我经历过的一家生产窗户的厂家就是非常典型的例子。在实施DBR和聚焦五步骤前，它正在计划增加一个班次来打破瓶颈，因为现在的班次已经完全满足不了市场需求。在实施了DBR解决方案的第一步和第二步后，厂家却惊讶地发现，即使没有增加第二个班次，它仍有多余的产能。因此，DBR和缓冲管理将会告诉你：什么时候产能需要提升？哪些方面需要提升？

组织在生产中如果实施了DBR解决方法，交期平均就会缩短70%，准交率也会大幅提升。同时，这种解决方案也减少了许多浪费。因此，使用新决策模式使我们找到了一个杠杆点并且让运营管理也变得更加简单。

小结及下一步

每个组织都有一些产能限制，生产的瓶颈决定了能够向市场提供多少产品和服务。但是，通常组织并没有找到瓶颈并且挖尽瓶颈。没有持续改善的流程，组织就会试图以衡量每个资源的效率来运营，这种常见的做法有很大的副作用。所有的资源都被鼓励满负荷工作，结果就是很多资源所做的工作并不能为公司带来有效产出，反而增加了库存以及其他费用。

一旦大幅提高了运营的可控性和有效产出，你就必须在其他方面采取行动，将产能增长转化为利润增长。如果你的供应链上有分销商、零售商，或者重复性地销售多种产品给客户，那么正确的分销管

可行愿景

理是实现可行愿景的必要条件。下一章，我将介绍支撑可行愿景的分销解决方案。

如果你没有任何分销渠道，那你接下来最应该考虑的是加速新产品开发或者加速技术升级，又或者加快IT的实施。事实上，无论瓶颈在哪里，你都需要一流的项目管理。幸运的是，实践表明，在项目管理上实施新决策模式可以缩短25%甚至更短的项目交期。在第8章，我将描述一套席卷全球的神奇项目规划和执行方法——关键链。

第7章　分销：从推到拉

"麦当劳库存周转率高极了，今天你吃的牛肉汉堡在昨天可能还是哞哞叫的牛。"

可行愿景

一个高尔夫球杆的平均寿命是九个月；而特制的保龄球寿命一般不会超过六个月；对于很多医疗产品来说，包括外科手术所用的橡胶手套，其寿命都不到两年。在这里，我们讨论的对象，并不是商品的货架时间，也不是产品的过期时间。我们这里所谈论的，是新产品的出现或替代品的上市，造成现有产品过时或贬值的情况。难怪分销商和零售商都痛恨高库存的情况。与此同时，分销商和零售商又有着相反的心病——没有库存，它们将错过销售的时机。

如果处理得当，短寿命产品对于提升销售和利润是很有帮助的。但是，正如你将会看到的，在分销中，旧决策模式（局部效益）鼓励供应链中生产出堆积如山、无人需要的库存，但缺货的情形并不鲜见。

本章将要介绍的是一个分销整体解决方案——提供六种不同的方法来增加整条供应链的有效产出。通常情况下，相比库存的减少，有效产出的增加对业务和利润的潜在影响要大得多。幸运的是，我们不用做出任何选择：通过这一个解决方案，就能将增加库存周转次数、增加有效产出、降低库存全部实现。

目前的供应链决策模式

在局部最优化思维的驱动下，制造商一旦完成生产就将库存尽快推到分销渠道。同时，成本会计会奖励这些制造商，库存照样在账上记为销售和利润，尽管消费者没有购买这些产品。现在，库存已经从制造商的装卸区移至分销商的仓库了。库存在分销商的仓库中积压时间越长，过期风险就越高，库存成本就越大，分销商的利润就越低。对于分销商来说，利润和库存周转次数是息息相关的。因此，制造商、分销商以及之后的每一环都将库存尽早推向下一环，直到进入零售商或者终端消费者手里。

传统的供应链中存在太多的库存[①]，其中绝大多数库存堆在零售环节，极少甚至根本没有库存存放在制造商的工厂。同时，消费者在零售商那里往往找不到他们想要的产品。

如果库存一直在零售商的店面睡觉，那为什么零售商要持有如此多的库存？为什么它忍受着昂贵的过期费用以及高库存成本，却仍然出现让消费者空手而归的结果？为了找到答案，我将把零售商的行为与制造商、分销商的政策联系起来。

许多制造商和分销商会根据订单的大小来制定价格的折扣，并且这些制造商和分销商也制定了鼓励零售商小批量订货的运输政策和收费标准。由于大多数零售商需要与临近的商铺竞争，零售商也有类似的成本考量，才能保持价格与利润的竞争力。因此，零售商会向制造商下大批量的订单以便获得更好的折扣。其结果是，零售商持有比实际消费者的需求以及补货时间内的需求还要多的商品。由于这些在手库存，即使消费者的需求发生变化或者制造商推出新产品取代旧产品，零售商也依然会对消费者推销它们现有的库存。你可以在汽车、计算机、手机等市场看到这个现象。

---

① 这只是存在问题的供应链的一种形式。另一种形式是在第5章中描述的，钢铁厂有近10亿美元的生锈库存，而客户的需求却根本得不到满足。

可行愿景

当得知新产品就要上市时，零售商争先恐后推出特价商品，避免库存被淘汰。零售商这种大规模的促销行为，伤害了新产品的市场，同时也减小了它们的利润空间。许多原本打算购买新产品的消费者这时就选择了购买特价商品。

这种模式对于整条供应链来说，存在一个致命的负面影响——制造商和分销商把大量的库存压给零售商后，自己就和瞬息万变的市场脱节了。在很多案例中，高达几个月的库存压在零售商和批发商那里，而制造商和分销商要等到几个月之后，才发现消费者的需求已经变化。这说明了供应链各个环节的库存周转次数越少，制造商发现趋势和响应趋势的时间就越长。

除此之外，还有另外一个负面影响——供应链中堆积着大量库存，但消费者却经常找不到想买的产品。很多时候，在一家商店里短缺的产品却大量地堆积在另一家商店的货架上！这种情况就源于供应商将产品大量压给零售商。很明显，这不是一种高效匹配终端消费者需求的模式。

制造商不断生产、配送库存给分销商，如果分销商不接受，制造商有时就以抬高价格或取消独家代理相"威胁"。分销商对零售商也不例外，直到整条供应链堆满了消费者不再购买的商品为止。但这时，严重的伤害已经发生了，供应链中积压太多的库存，而持有库存最多的环节承受着最严重的后果。零售商破产，分销商亏本，制造商……来看看朗讯科技、北方电信以及很多其他企业都发生了什么[①]。

---

① 当然，不是所有制造商的问题都是由不合理的分销政策引发的。然而，这种政策会与其他问题相互影响而加剧问题的严重性。

第7章 分销：从推到拉

聚焦五步骤的应用

首先，在分销系统上应用聚焦五步骤中的第一步（找到瓶颈）。你必须全面考察分销渠道，并且问问自己是什么决定了渠道的有效产出，这比什么都重要。在大多数案例中，答案是"前来购买产品或服务的客户"。如果是这样，那么问题在于没有足够多购买产品的客户。

我们看看，分销商渠道如何应用第二步（挖尽瓶颈）。在花费财力去吸引更多的客户之前，要珍惜已经来向我们买产品的客户。当客户在特定的区域因为找不到想要的产品而放弃购买，而同样的产品此时正在另一个区域的货架上时，这种情况绝对是一种浪费。为了避免浪费客户资源，我们必须大幅度提升在正确的时间、正确的地点、配以正确库存的可能性，以便满足终端消费者的需求。同时，我们必须回答以下问题：

- 哪里是存放库存的最佳地点？
- 制造商与分销商，以及分销商与零售商之间正确的补货方式是什么？

我们从第一个问题开始。一个地区与另一个地区的消费者需求差异很大，在一个具体的零售点，也可能每天都有所不同。同时，从终端消费者喜好变化到供应链响应需要一段延迟时间。这些因素，使得零售层面预测产品需求成为一项现象级挑战。

制造商往往尝试投资数百万美元的复杂预测系统来应对挑战，结

可行愿景

果是在有改善的前提下，提升也只是很小范围的。毕竟，预测系统并不能使得终端消费者的表现更理性或是可预测性的。为了挖尽瓶颈，也就是"挖尽"意向消费者，我们必须从复杂的解决方案转向更简单的解决方案。

在分销环境中，为了永久解决服务水平、库存以及产品过时的噩梦，有两个关键步骤：

（1）将库存集中在预测最准的地方；

（2）根据短期内销售数据，实行拉式补货系统，频繁补货；

假如你是一家大型鞋类制造商的物流经理，那么纵观整条供应链，8码棕色鞋库存的最佳配置方式是什么？你并不能肯定在一周之内，会不会有人在任何一家指定商铺购买这款鞋，但对于全国性的销售数据，你便会得到更多的了解。预测的覆盖面越广，预测的准确性也就越高。当覆盖面从全国减小到区域，从区域减小到城市，再从城市减小到单个门店时，预测的准确性就会逐步降低。

根据上述预测的特点，合乎逻辑的做法是：将大多数的库存放在制造商处，少部分放在分销商处，极少数放在零售商处（详见图7.1）。然后进行拉式补货、频繁补货、快速补货。那么，任何地区都不会缺货，市场趋势快速显现，浪费也将大幅减少。

第7章 分销：从推到拉

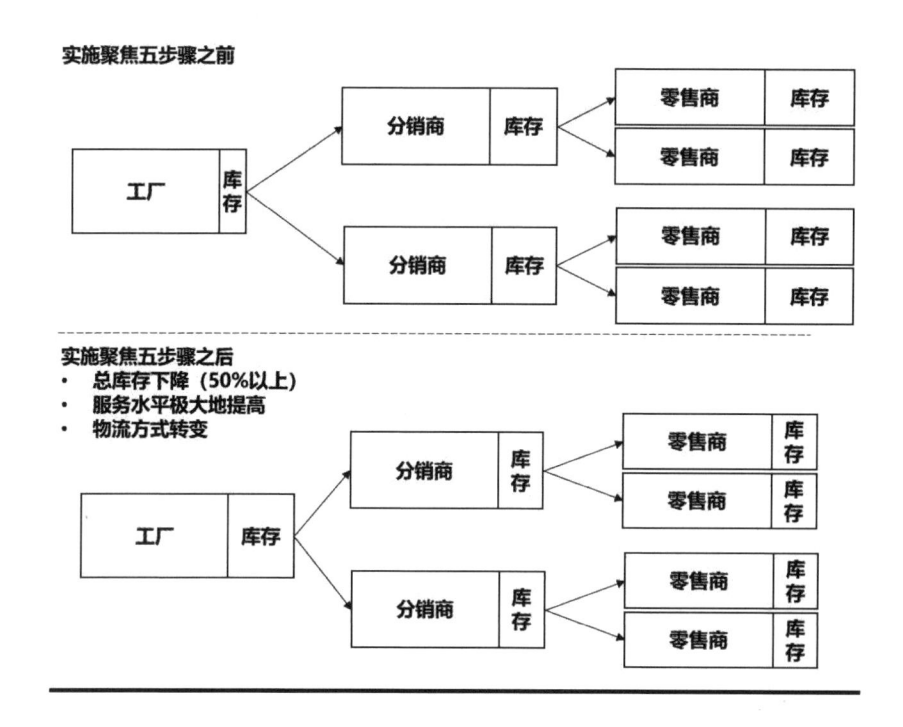

实施聚焦五步骤之前

实施聚焦五步骤之后
- 总库存下降（50%以上）
- 服务水平极大地提高
- 物流方式转变

图7.1 分销中的"挖尽"与"迁就"

例如，如果一家鞋类零售商今天持有每种SKU三个月的库存量，这个库存量是基于补货前置期计算得来的。补货前置期由以下几部分组成：

- 运输周期；
- 生产周期；
- 下单周期。

零售商决定了下单周期，而供应商决定了运输和生产周期。事实证明，下单周期通常就能提供最大的改善机会。在传统模式下，当库存到达最低水准的时候，零售商才会下单（通常被称作最小/最大库

可行愿景

存法，因为它会下一个订单让库存回到最大值）。在"挖尽"的步骤中，我们将使用拉式补货系统，让零售商每个周期（如一周）都下订单，下单数量为它前一个周期内的销量。

在新系统中，运输周期保持不变，成品库存被制造商放在工厂仓库里，采用产品直接发货的形式，生产周期为零。新旧系统最大的差异在于下单周期。零售商无须等待两个月或更久的时间，等到每种商品的库存降低到最低水位时，才订购2~3个月的库存量。拉式补货系统要求零售商只订购上周所卖出的SKU，并且严格按照实际销售数据下单。这样，下单周期就从几个月降为现在的几天了。

新系统表示零售商减少了满足补货前置期所需的库存。同时，畅销品缺货几个星期的状况基本不会再出现了，服务水平也大幅提升，供应链中的总库存一般都能减少原来的2/3。新系统对消费者需求波动的反应更加迅速，同时简化了分销商和零售商的日常运作，它们不需要担心一次性下三个月的订单，也不用纠结一段时间后消费者可能需要哪些产品，需要多少数量。取而代之的是，它们根据销售情况自动决定订单的品种和数量。

从市场营销的角度来看，降低过剩库存，店铺就能够腾出额外空间。零售商也就可以持有更多品种的产品，而更多的品种意味着更多的销量！

至于运输成本，在实际案例中，运送货品的结构并不一样，但是运送频率以及费用大致相同。我们一次运送10件（3周的供应量）50个品种的产品，取代之前每次50件（3个月供应量）10个品种的产品。

第7章 分销：从推到拉

对分销商来说，调整后的方案所达到的效果是惊人的。因为整体运营费用（包括运输成本、调货成本、库存持有成本、退货以及过期成本的组合）大幅降低了。

成功的公司并不会止步于"挖尽"，通过聚焦于第三步（迁就瓶颈），公司将能够大大降低失败的风险。即使是一家自有分销商和零售商的公司，第三步还是需要得到所有部门的认同。如果供应链是由不同的公司组成的，那就更得讲究策略克服不被认同的可能，否则一切解决方案都将在执行当中落空。"迁就"意味着，供应链中每一环，包括制造商都要采取"只要终端消费者没有买，任何环节都不算销售"的态度！现行的系统必须改变为鼓励"拉式"而不是"推式"，这点对于制造商尤为重要，因为这代表公司持有供应链中大部分库存。

在迁就瓶颈这一步中，公司应用拉式补货系统的相关软件和流程。零售商（或者离终端消费者最接近的环节）持有的最小库存量，必须足以应付短期内消费者需求（加上运输时间）的波动；分销商持有的最小库存量，必须满足零售商需求（加上运输时间）的波动；制造商持有的最小库存量，必须足以应付分销商需求（加上工厂制造周期）的波动。当然，这些数据的计算，必须将运输和制造商的可靠程度考虑在内。

在拉式补货系统之下，如果制造商想要向市场推出一种新型或替代型产品，即使是替换某种缺陷产品，只需要储备相当于之前1/3的库存。更新产品的周期将大幅缩短，并且费用也将大幅减少。

可行愿景

当今世界，一些成功的企业都正在应用这样的系统，包括从计算机制造商到超市零售商再到旅行箱公司。看看成功企业的库存周转率就知道，数据说明了一切，它们实现了真正的拉式补货系统。

那么第四步（打破瓶颈）呢？分销商也可能需要打破瓶颈，比如，它们想要开发新区域市场，通过前三步释放出来的现金流，它们增加新的分销点就容易多了。此外，由于减少了库存，设立每个新分销点的成本也变得更低。

增加有效产出的六种方法

（1）持有各种产品足够的库存，并且放置在正确的地点，及时匹配销售需求，服务水准会因此提升（表现为消费者在商店成功完成购买次数的百分比上升了）。

（2）较少的库存使得每种商品减小了货架空间，分销商和零售商能够储存更多种类的商品。因此，同样的物理空间增加了有效产出。

（3）当每种产品的库存减少时，以清理库存为目的的促销活动也就大幅减少。这意味着利润率和销售收入都将增加，而且也不会影响新产品的市场。

（4）每种产品的库存越少时，过期产品就会越少，这会赢得客户更高的满意度，销售额也因此增加。货架上陈列的更新产品，也更有吸引力。因为过期产品会对有效产出造成重大的影响。

（5）缺货时快速补货，意味着减少了购买者转向竞争对手的机会。

（6）对消费者需求变化的反应越快，缺货就越少。

小结及下一步

许多分销商会为了以更好的商务条款持有更少的库存而与制造商激烈争吵。同时，制造商经常采取相反的对策，也就是伴随着更加激进的条款将更多的库存推向分销商和零售商。供应链中的每一环都试图将自己的库存尽快压给下一环，最终造成零售环节积压大量库存。当零售商试图在几个月前预测消费者的需求，并据此下单时，那么几乎可以肯定，在相当长的时间里，零售商将面临高库存和高缺货并存的结构性问题。

新决策模式（有效产出、投资、运营费用和聚焦五步骤）将推式系统改为拉式系统就打破了这种混乱状况。库存被放在合理的地方（零售商库存较少，制造商库存较多），零售商的补货时间大幅缩短。伴随着这些改变，供应链中的整体库存减少了原来的2/3，而对消费者的服务水平却得到了提升。

截至目前，我们讨论的实施"可行愿景"的所有模块都需要项目管理。大幅地加快执行这些项目对于改善战略而言是极为重要的。下一章讨论的项目管理将强调过去50年中最令人兴奋的进展之一。如果你认为考核员工按时完成任务是对的，那么你可能会惊讶于高德拉特博士对于人类行为和项目管理复杂性方面的发现。

第8章　项目管理

"项目遵循 2^3 法则。实际花费的时间是计划时间的 2 倍，实际花费的成本是预算成本的 2 倍，承诺完成的时间是实际完成时间的 2 倍！"

第8章 项目管理

一份史坦迪什国际集团（Standish Group）针对13 000个项目的研究指出，82%的项目未能如期完成，其中大约30%是过去三年内的项目。

难怪今天的高管面临着一个巨大的挑战：快速完成改善项目并达成预期目标。诸如"因为某项目延期，我们损失了9个月的销售额"或者"因为我们未能如期启用新工厂，股票价格下跌20%"这样的抱怨司空见惯。股东和董事会都受不了项目的"雷区"，首席执行官的信誉也严重受损，不仅因为项目超期和超支，还有糟糕的项目分析。例如我们耳熟能详的一个例子：一个为期两年的项目已完成了95%，而剩下的5%却整整拖了一年才全部完成！

高管的生存越来越依赖于项目管理水平的提升。高管需要选择合适的项目，确保项目合理的边界，然后比以前更快地完成项目来满足股东和客户的期望。否则，他们面临的就不仅是股东和董事会的质疑了。统计数据有力地证明，高管承受着很大的压力。在对367家公司调查后发现，其中57%的公司在过去的三年里更换过首席执行官。

而在项目管理的问题上，感到为难的不仅有高管，还有项目经理。巧合的是，所有国家所有行业的项目经理几乎都会用相同的话来描述他们的问题。你会听到像这样的陈述，"我们没有足够的资源"或者"在没有确认好需求的前提下，高管就催促我们启动项目导致现在我们有很多的返工"。而另一种常见的抱怨是，"项目优先级变动频繁"。

这些抱怨表明了许多项目经理相信问题并不是他们可以掌控的。而只要这个信念继续存在，高管就不可能看到巨大的提升空间。现在

可行愿景

我们所面对的事实是，20年来项目经理不断地发出同样的抱怨，至今仍未得到解决。这说明我们需要一个新方法。本章将会阐述为何完成项目需要耗费如此漫长的时间以及我们应该如何应对。

项目管理中最核心的问题：确认瓶颈

在运营、市场营销和分销方面引发破坏性后果的决策模式再次出现在项目管理中，其表现是通过局部问责制来管理复杂问题。在项目管理中，集中体现在根据计划的时间来完成项目的每个任务。今天，人们普遍认为确保项目如期完成的最好办法就是确保每个子任务都按时完成。

问题在于人们预估任务完成时间的方法。毕竟，大多数人不止参与一个项目，许多人还有其他一些部门的职责。同时，还有各种层出不穷的紧急状况，例如必须立即回复的电子邮件、前期项目的返工、上司分派的特殊任务或者一场临时的会议等。因此，一项原本专注工作三天即可完成的任务，却计划两周才能完成，这并不稀奇。尽管如此，提出预估的人还会保守地说，"这仍然要取决于这样或那样的情况（他们已在进行中的其他工作）"。人们之所以如此反应，是因为经验告诉他们，一旦他们给项目经理一个计划的数字，就变成了一个承诺。没人希望自己被看成不靠谱的人，所以他们承诺的时间会远远超出专注工作所需要的时间以防备未来的不确定性和多重职责所导致的延迟。为了说明每个任务需要给予多大程度的时间保护才能确保你不被看成不可靠的人，请思考以下这个案例：

第8章 项目管理

明天早上，公司最重要的客户要到办公室与你见面，讨论一张很重要的新订单，这个客户非常守时。一般情况下，你差不多花半个小时就可以到办公室，但你记得有几次也曾超过一个小时。请问你明天准备提前多久出发？你会回答"30分钟"，还是"一个小时"？

任何不是日本"神风特攻队"的人都会回答一个小时。因为平均时间与最坏情况之间存在很大的差距。一旦需要赌上自己的信誉，我们基本上就会想起最坏的情况，从而为自己预留大量的安全时间。

然而，如果绝大多数任务的预估时间都已经包含了如此明显的安全时间，那又怎么解释这么多的项目延期呢？

人类行为的研究表明，任务中的安全时间往往都被滥用掉了。为了在不同的项目和部门职责之间进行平衡，项目成员必须决定当即要做哪项工作。因为知道预估里留有安全时间，他们经常延迟开工，有时要比原定计划晚了很久。在推迟的这段时间里，他们往往会选择去做其他一些更加紧迫的工作。高德拉特将这种行为称为"学生综合征"。

"学生综合征"是这样一种行为模式：明知道考试会在三周后进行，却等到考试的前一晚才开始复习。当"墨菲"出现时，一旦某一成员启动任务的时间远远晚于原计划时间，那么任务的完成时间也会远远超出预估时间。由于项目中每个任务之间相互依存，这使得"学生综合征"的影响更加严重。当某个成员的任务延误时，所有相关的后续任务就必须等待被完成。如果后续任务中也出现"学生综合征"，延误将变得相当严重。

可行愿景

还有一种常见的行为，也会使项目进一步延误。因高管不断询问项目进展，项目经理承受巨大的压力，所以他们会不停地催促项目成员削减各自的预估时间。结果是，当某个成员极力争取的预估时间终于得到认可后，该项目成员和项目经理都会认为这就是最终期限。项目成员知道，假如有奇迹出现，他们提前完工并提早上交，那么，这次实际完成的时间将被作为下次的承诺时间。因此，如果有项目成员提前完成了工作，他们宁愿添加一些可有可无的附加功能，或进行一些额外的检查，直到最终期限才提交工作。这种行为模式被称为"帕金森综合征"，它表现为工作不断膨胀，务求把所有时间填满。

当"学生综合征"和"帕金森综合征"同时出现时，对公司而言，这是种惊人的浪费。这两种行为模式使得子任务的工作时间延长，进而导致项目延期。虽然这些负面影响较为严重，但是，在多项目的环境中，还有另外一个更险恶的因素，从根本上延长了项目交期。

多项目环境

如今，很多组织都在多项目环境中运行。所谓的多项目环境，是指不同的项目"共享"一种或几种相同的资源。事实上，在现实生活中，执行主管并不会用这么客气的方式来表达，他们通常称为"争夺"，而非"共享"。

局部最优化的观念再一次占据了上风。执行主管启动各种项目，却忽视了组织的交付能力。他们这么做只为了一个理由：如果在下一个考核期内，他们没能达到自己的目标，那么他们很可能会被解雇，或者错失一次意义重大的考核。执行主管相信：项目越早启动，就能越早被完成。相比而言，这如同给到执行主管一张不限额的空白支票，并告诉他们可以做任何他们认为有必要的投资。

项目与投资唯一的不同之处在于，除了资金限制，项目还受到人力资源的约束。每个组织都有很多启动改善项目的机会，但是，用于执行项目的资源却是极为有限的。太多项目同时启动，就会产生不良多工（一个人同时开展多项工作，每个工作都做了一点，又都没有完成，来回切换不停），这将造成资源与时间的严重浪费。当项目成员在多个任务上分配时间的时候，也会产生不良多工的现象，所有项目的总时间就将急剧增加。

图8.1显示了一个资源完成多个任务所需的时间。如果资源在一段时间内只专注于处理一项任务（标记为"专注模式"的图示），每项任务需要耗时三周。

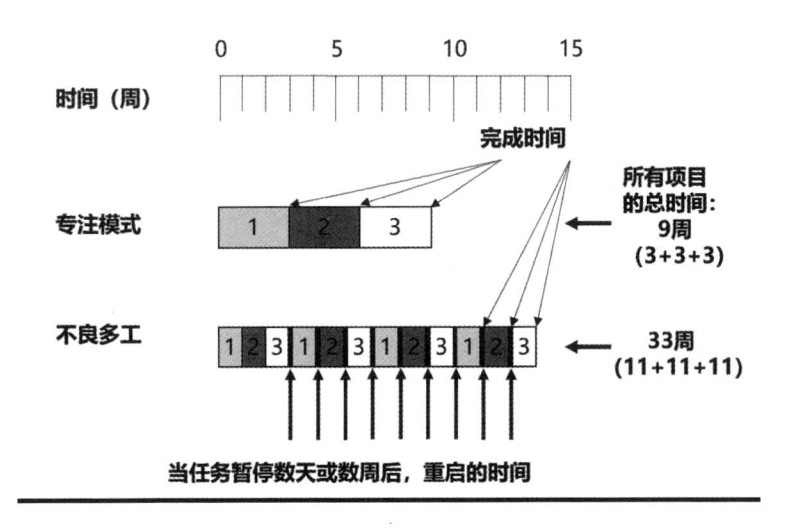

图8.1 两种模式的项目周期对比（以周为单位）

可行愿景

然而，当把资源同时用于三个项目，每段时间都要完成每项任务的一部分，这将会产生两个负面效应。如标记为"不良多工"的图示，其负面效应之一就是每个任务需要付出的时间都会增加。因为每次重新启动相同的任务时，都要重新聚焦，所以本来三周时间可完成的工作很容易就会变成四周。其负面效应之二就是每个任务的持续时间都会延长。当不良多工和额外的重启时间同时出现时，就会发现第一项任务直到第十一周才完成，而不是第三周。

如果是新产品研发项目，就意味着这家公司已经失去或者推迟八周的销售额，并且可能错失了竞争的窗口期。对带来内部收益的项目而言，这意味着这笔收益将延迟八周，甚至可能将损失这笔收益。

在提出解决方案之前，重要的是找出项目的杠杆点。聚焦五步骤将会告诉我们，如何找到每一个项目的瓶颈，这是挖尽瓶颈的先决条件。

单项目环境下的聚焦五步骤

启动项目是为了给组织带来收益，项目完成所用的时间越长，组织等待收益的时间也越长。瓶颈决定了项目持续的时间。

多年前，一些聪明的工程师提出了"关键路径"的概念。在每一个项目中，有些任务只有在其前置任务完成时才能启动。在同一个项目中，通常包含许多任务相依的路径。任务相依最长的一条路径（取决于预估时间的长短）被称为"关键路径"。初次使用"关键路径"来管理项目时，普遍做法是让项目拥有"专属资源"（每个人或者某种项目资源专门服务于一个项目）。然而，除非只考虑任务之间的相互依存，忽略资源之间的相互依存，这种项目交期的计算方法才是有效的。

当一个资源在进行一个任务的同时另一个任务也需要它，资源相依的情况就出现了。高德拉特将资源的相依性纳入思考的范畴，将"关键路径"的概念扩展为"关键链"。"关键链"是在同时考虑任务及资源的相依性的前提下，相互依存的任务所组成的最长链条。这条链条决定了项目多长时间才能被完成。

我们已经找到瓶颈——关键链。下一步必须"挖尽"它。但是，目前的绩效考核阻碍了我们实施关键链的项目管理。因为在采用预估时间作为衡量标准时，人们会在预估时间中加入大量的安全时间。然后，在项目执行中受到"学生综合征"和"帕金森综合征"的影响导致任务延期。此外，执行主管在启动项目时，如果不考虑组织的产能，这些资源会处于不良多工的状态。

为了挖尽瓶颈，我们必须改变"准时完成每项任务"的局部最优化的旧规则而采用新规则。新规则如下：

- 不要将计划当作承诺。预估不是确定的数字，它们只是估算的数值。应该利用计划来防止"学生综合征"和"帕金森综合征"的出现。为此，就必须将现有的预估时间砍半。

无论怎样，不再要求团队成员为自己的预估时间负责。团队中的每一个人都必须将注意力放在项目的交期，而不是单个任务的交期上

可行愿景

（见图8.2）。

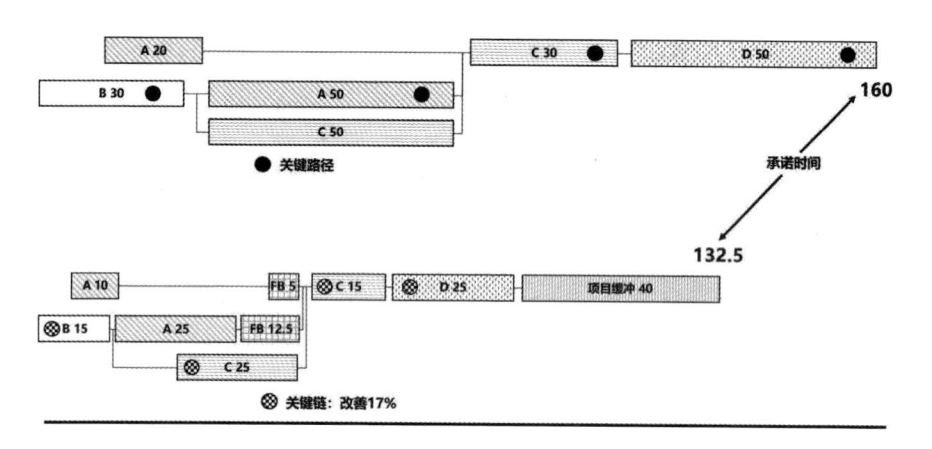

图8.2 关键路径与关键链对比

- 以接力赛的工作准则来执行关键链的任务。团队成员应尽快（不再有"学生综合征"的行为模式）开始并完成工作，再将工作（接力棒）尽早（不再有"帕金森综合征"的行为模式）传递给下一个环节。团队成员在执行任务时，尽可能只专注于当前的工作。

- 将关键链上任务的安全时间（预估时间的一半）砍掉一半，放在项目的后端，战略性地保护整个项目的完成。这个保护性缓冲称为"项目缓冲"（见图8.2）。它扮演了减震器的角色，从整体上保护关键链，避免关键链被任务完成时间的波动所影响。毫无疑问的是，在关键链上，某些任务将被延迟，某些任务将被提前，多项任务的波动则相互抵消。这样一来，我们就可以预测，通过为整条关键链设置项目缓冲，项目准时完成的概率将会得到极大的提高。

- 在执行过程中，项目经理与资源经理使用缓冲管理的工具来确定什么时候采取行动。这种方法的一个简单新原则是，专注于更少的任务，聚焦于关键链和战略性资源去更快地完成工作。

在单项目环境中，为了"迁就"以上决定，我们需要安排非关键链提早完成，避免影响关键链的工作进度。我们使用一种称为"接驳缓冲"的工具来实现这点（见图8.2FB）。接驳缓冲位于非关键链任务之后连接关键链任务的位置，其长短等于非关键链安全时间的一半。接驳缓冲可以保护关键链，避免被非关键链任务波动所影响。

多项目环境下如何"迁就"

要彻底克服不良多工，需要一种新的流程。首先，启动项目必须小心谨慎（除非组织银行里有足够资本）。然而，试图平衡所有资源的工作负荷实在是太复杂了，因此，在多项目环境下，关键链会依据战略资源的产能来决定组织的产能。"战略资源"就是在组织的所有项目中，卡住项目最多的资源或负荷最重的资源。

关键链需要以下"迁就"步骤：

除非战略资源有可用的产能，否则不应启动新项目。这意味着高管单方面启动项目的权力必须服从于组织的产能（组织的产能由战略资源决定）。

这让高管团队很恼火，在他们看来，大多数形式上的权力削减都

可行愿景

是不必要的干预。这也清晰地表明了一个要求：为了在组织中实施先进的项目管理，每个高管必须相信新流程不会影响到项目的交期。当实施"迁就"步骤时，执行主管们将会很开心，因为所有项目都将比以前提前完成。

除了缩短项目交期，新流程还提供了更好的项目执行管理方法，项目检查会议的时间也变得更少。在关键链中，项目何时需要干预取决于两个指标（见图8.3）：项目缓冲消耗百分比和关键链完成百分比。我们希望看到关键链上的项目以一种有序推进的方式完成；也希望看到随着项目的进行，关键链以一种相当规律的方式消耗项目缓冲（保护整个项目的安全网）。

如果在检查项目时，只有一小部分的关键链已完成，却已消耗掉很多项目缓冲，那么问题就很严重。相反，大部分的关键链已完成，而项目缓冲消耗得很少，那么进展就良好。因此，根据承诺期限来预测项目完成的可能性，只需比较关键链完成百分比与项目缓冲消耗百分比即可。如图8.3所示，项目进展是否顺利？什么时候项目才能完成？图中曲线所展现的一段时间内的走势就能向高管及项目经理提供项目进展的准确信息。

在决定授权和优先级方面，关键链涉及了一项重要的新要素：单位时间内战略资源创造的有效产出。在多项目管理环境中，组织的战略资源而非其他资源的产能决定了每年可以完成多少项目。

因此，可以根据项目的有效产出及耗用战略资源的数量，来决定项目的优先顺序。例如，假设项目A将为公司带来2500万美元的有效产出，但需要占用战略资源一整年的时间；项目B同样带来2500万美元的有效产出，却只占用战略资源4个月时间。相比较而言，花一整年的时间，可以运营3个项目B，为公司带来7500万美元的有效产出，是项目A的3倍。因此，在产能有限的情况下，优先选择项目B。依据这一指标，决策就变得简单多了。

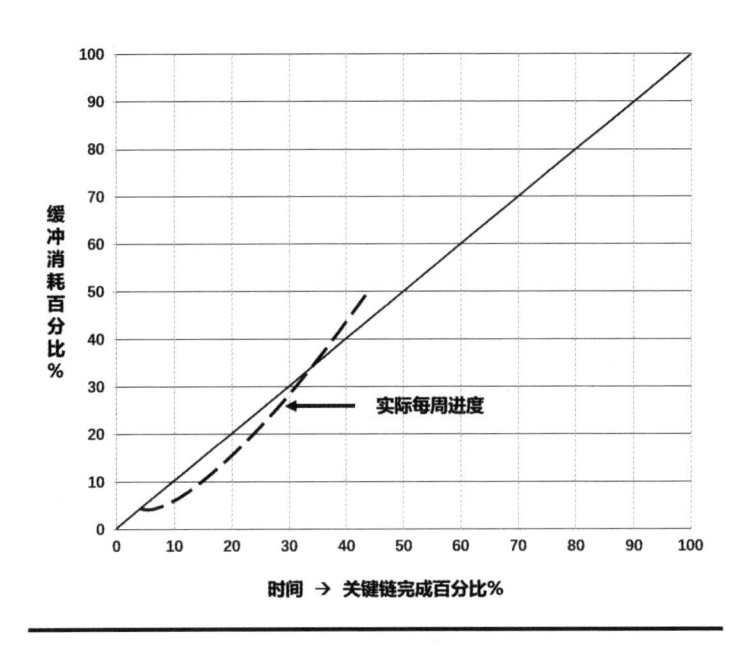

图8.3 项目进度走势图

一些案例

很多文献记载了关于关键链的成功案例。下面介绍几个典型案例来展示关键链的无限可能性：

- 以色列一个飞机维修部将飞机宽体转换平均时间从3个月缩短为

> 可行愿景

2周。这给它带来了巨大的竞争优势，客户们都争相提前一年前来预约；

- 希捷科技有限公司新产品开发时间比原先缩短一半；

- 埃尔比特系统公司能够在2小时内完成40个项目的所有高级管理评审；

- 洛德公司的IT团队由原来的100%项目延误变成85%的项目提早或准时完成；

- 美国海军陆战队军舰补给站在资源相同的情况下，可完成超出原来3倍的工作量；

- 宇航系统公司的一个部门项目交期比原先缩短2~4个月（缩短20%~40%），为公司增加3700万的项目收益。

小结及下一步

今天，项目周期太长是因为普遍的管理做法——员工要为他们的计划负责。这种局部最优化的绩效考核方式，扭曲了员工在项目中的行为导致项目周期经常翻倍。当项目延期时，高管就无法达成目标，所以他们试图提前启动更多的项目而忽视产能负荷的问题。但是，这加重了原本已经面临的困境，造成不良多工，从而使项目进一步延期。

新决策模式（有效产出、投资、运营费用及聚焦五步骤）将项目成员、项目经理和资源经理（一般指部门领导）置于相同的接力赛模式中，聚焦于关键链和少数进行中的项目。结果表明，项目时间缩短了25％以上，关键链项目管理方法确保了每一个项目都准时完成。此外，还能够在不增加资源的情况下完成更多的项目。

在大多数的案例中，为了获得进一步改善，每家公司最终都必须面对不受自己直接控制的外部供应链。今天的竞争不再是公司与公司之间的竞争，而是供应链与供应链之间的竞争。在下一章，你将看到新决策模式所衍生的两个绩效指标，帮助供应链中不同的公司更好地进行协同，进而实现整条供应链的快速周转！

第9章　供应链

"绩效管理的目的,是激励各个组织去做对供应链整体有益的事。"

第9章 供应链

概述

任何产品的成功，都是部分取决于制造商，部分取决于供应链的其他环节。只要供应链上任何一环不能很好地运转，就会扼杀其他环节的付出和利益。如果一位终端客户对产品的可得性、服务或质量不满意，则会给整条供应链带来损失。遗憾的是，今天的决策模式（局部最优化）经常蒙住当事者的眼睛，使他们无法看清问题的本质，并采取迅速有效的行动。

即使终端客户感到满意，整条供应链还可能存在另一个损失：持有太多的库存。供应链一直遭受着诸如过期商品、高运输成本以及对需求响应太慢等问题的折磨。

本章将说明如何使用新决策模式促使所有组织密切合作，做出对供应链整体有益的事情——这是达成可行愿景的必要条件。

供应链各组织的密切合作

三项全局性指标——有效产出、投资和运营费用可用于评估供应链整体的协同性以及供应链改善或恶化的程度。在一个健康的供应链中，只有当一个组织能够从超越自身财务绩效的视角来决策时，它才应该被视为该供应链的成员。

供应链其中的一个环节是将产品或者服务销售到另一环。如果终端消费者并未购买，这对于该成员而言，也许在短期看来，它的状况

可行愿景

是不错的。但是,只要产品还卡在供应链中,而终端消费者一直没有购买,或者购买得很少,情况就不妙了。供应链中的每一个成员对于整条供应链的健康来说,都有着重要的利害关系。

供应链成员的目标及衡量

在第7章中,我们讲述了将推式补货系统转变为拉式补货系统,来挖尽瓶颈。拉式补货系统能够将正确的库存及时放到合适的地点以满足终端消费者的需求。同时,这种方式需要设立两项关键绩效指标,让供应链中每一个成员以最适当的方式来合作并迁就瓶颈。

1. 有效产出元天

我们必须意识到,缺货既会造成当前销售额的损失,也会危及未来的销售。也许对于某些产品,终端消费者会容忍一些缺货的情况,然而容忍时间极其有限。因此,这一绩效指标是将延迟的有效产出(根据终端消费者的价格计算)乘上延迟天数。一张订单中的某种产品缺货,当考虑到客户的强烈不满时,有效产出元天应根据整张订单的价值计算,有效产出元天的目标值是零。

2. 库存元天

通常人们不是以库存的现金价值,就是以它代表多少天的消费量来计算库存。这个绩效指标是将供应链中库存的价值(原材料成本)乘上库存在供应链中持有的天数。企业的目标是尽量降低库存元天,并保证它不会影响有效产出元天(造成延误或缺货)。

第9章 供应链

有效产出元天

在许多供应链中，产品会有很高的标价（几百或几千美元），而该项产品的零部件成本却很低（几美元或甚至几美分）。一笔价值2.5万美元的生意，竟然会因为一个1美元的零部件缺货而不能顺利交货！如果哪个供应商能够解决快速交货的问题，那么整条供应链将因此获益。

为协助供应链中的各个组织准确判断出对下游环节来说什么才是紧急的事，这需要一份每天或每周的客户有效产出元天报表（客户即供应链中的下一环）。有效产出元天采用面向终端消费者的价格的方式来计算，它能让各个组织从整条供应链的角度来评估订单的延误程度，并告诉各个组织如何安排行动的优先次序。

例如，A公司制造一种价值1美元的安全插销，用于B公司的变速箱。B公司将变速箱销售给C公司——一家主要的汽车制造商。假如A公司晚一天生产一笔100个安全插销的订单，对它而言，可能理解不到订单的重要性，因为价值才100美元。然而，对终端消费者而言，每个安全插销影响了一笔2.5万美元的生意；对整体供应链而言，则代表2万美元的有效产出。现在，如果A公司接到一份报表，记录安全插销的有效产出元天为200万元天（100×$20 000），A公司就能理解这张订单的重要性，以及应该如何安排工作的优先次序。如果相同的订单在第2天还是延迟，报表则会显示有效产出元天为400万元天（100×$20 000×2），有效产出元天总额将持续增加，直到订单完成为止。

可行愿景

另一个案例是关于质量问题的。如果A公司准时交付了插销，但到了C公司发现一个质量问题，于是变速箱被退回到B公司。现在订单被视为延迟，200万美元的有效产出元天归于B公司。有效产出元天是个"烫手山芋"，B公司检查变速箱，并判定问题出在安全插销上，有效产出元天则归于A公司，直到问题解决。如果A公司需要再用2天的时间才将修好的安全插销交付B公司，那么这张订单就延迟了3天，有效产出元天共计变成600万元天（100×\$20 000×3）。这对B公司而言，是个"更烫手的山芋"。同样地，如果质量问题来自A公司的原材料或包装供应商，那么A公司的采购部门就要接手这个"烫手山芋"，直到问题解决。

在绩效管理中，将"元"与"天"结合起来，可以帮助供应链更好地留住客户，避免长期缺货或质量问题造成返修。为了确保有效产出元天有效，整条供应链的成员都必须达成共识，统一使用有效产出元天指标来确定整条供应链的优先次序。

库存元天

库存元天的绩效指标仅次于有效产出元天。在确保不错失订单的前提下，库存元天是个非常重要的降低供应链库存的指标。供应链中的某些库存是必要的，因为它作为保护产能可以防范发生在物流、制造和终端客户需求中的波动及问题。

通过供应链整体绩效指标，而不是个体绩效指标，供应链各成员的行为将驱动供应链整体收益的提升。例如，在大多数的供应链中，正确放置库存的方法是将最多的库存放在预测最精准和波动最小的地方。这表示大量库存应该放在制造商，或离制造商最近的地方。其次，少量库存由分销商持有，而接近终端客户的地方应持有最少的库存。

当前，在供应链内部，很多公司试图将库存推给供应链的下一环节来降低投资。然后它们声称实现了"销售"并计入账本。然而，这种行为损害了供应链的整体绩效，造成了整条供应链高库存和高缺货并存的结构性问题。因此，使用库存元天的绩效指标，供应链成员之间必须达成共识：关注供应链整体的库存，而非单家公司的库存。

供应链新商道

即使供应链成员在库存和缺货方面都做得很好，但是有一个基于成本世界的绩效指标会扼杀有效产出。在供应链中，每个供应商都想通过销售产品或提供服务给供应链的下一环节来得到合理的利润。对大多数供应商而言，"合理"的意思是供应商的成本再加上一些边际利润。当供应商试图评估成本时，导致问题的行为就产生了。

为了评估产品成本，供应商一般采用预估的销量来分摊公司的固定费用和其他的间接费用。供应商相信，只要售价低于其计算出来的成本，就表示赔钱。供应商还相信，如果客户支付金额是在其计算的成本基础上再加上一个合理的利润，对供应商而言就是件好事。事实上，这两种假设都是不成立的。

在终端消费层面，客户可能愿意支付比成本加上合理利润更高的

可行愿景

价格，因为对他们而言，产品的价值远远超过供应商的认知价值。而对于供应链成员来说，它们都放弃了这部分巨大的利润。当然，也有其他的客户认为终端消费价格贵得离谱，因为他们感受不到产品的价值。在这种情况下，供应商就失去一部分的销售，而这部分的销售对供应链的每个成员来说都是有利可图的。

请看这个案例，一家美国计算机软件厂商设计了一套软件卖给大中型企业，它的定价是100万美元，考虑到多年来开发这套软件所投入的人力，公司认为价格是很公道的。而且在一些国家，该公司拥有自己的销售队伍，销量还是不错的。然而在墨西哥，该公司通过一家分销商来销售软件，公司的批发价格是每套50万美元。经过两年时间，这家分销商与许多优秀的潜在客户接触，却连一笔生意都没做成。其实很多墨西哥的公司都需要这套软件，但由于公司规模、墨西哥的经济形势和汇率差异等因素，这套软件能带给它们的价值远低于50万美元。在几个不同的场合，分销商试图向这家公司传达这个信息，公司却置若罔闻。

其实，复制这套软件的实际成本是几百美元，其中还包括了全套技术操作手册。软件第一年的实施成本差不多是1万美元，所以，只要高于1万美元的卖价就能使这家公司获取更多的利润。而且，墨西哥市场与美国市场是细分市场，墨西哥的产品价格并不会对美国的产品价格造成任何影响。

基于以上情况，结合整条供应链有效产出、投资、运营费用的指标来看，在供应链内部应有这样一种不同且具有重要意义的销售方式：允许供应链的最后一环——最接近终端消费者的环节灵活定价，只要价格高于最低价格就可以销售，从而获取更大的利润（最低价格为产品原材料成本而非分摊成本）。然后，签署一份利润分配协议，扣除最低成本之后，供应链各成员按一定的百分比来分配利润，最终促使所有成员紧密合作，使供应链获取最大的有效产出，并且共同降低供应链中的运营费用和库存，这将对整体利润产生更大的贡献。

当然，这需要所有供应链成员之间的高度信任和强烈信心。从整体绩效指标——有效产出元天与库存元天开始，建立相互信任。在绩效指标生效之后，就可以实行新的定价方法。

小结及下一步

任何供应链成员都很容易遭受"盲人摸象法"的困扰，供应链的每个成员试图使自身利益最大化，却伤害了供应链中其他成员的利益。要知道，只有供应链上所有成员达成共识，共同遵守两项整体绩效指标，才能赢得与其他供应链的竞争。

在任何供应链中，这两项整体绩效指标都是有效产出元天和库存元天。正确及时的绩效报表可以让我们根据指标状况采取恰当的措施来处理订单延误、质量问题、返工、过期报废、新产品上市和其他许多供应链面对的挑战。

为了在供应链的各环节推行新商道，供应链成员必须克服某些技术方面的限制。这就需要IT部门的协助，共同实现可行愿景。在下一章，我们将描述如何改变IT系统的运作模式，让IT成为成员目标的重要贡献者。

第10章 信息技术：仍然不足够

"实施新系统并不会改变什么，除非你消除一项阻碍企业达成目标的限制。"

第10章　信息技术：仍然不足够

概述

20世纪末，电脑的"千年虫"问题给计算机厂商带来了大量软件采购业务。为了取代那些预计在2000年会失灵的旧式计算机系统，企业争相购买新ERP系统，其采购量创了纪录。大型企业花费数亿美元购买软件，而在购买软件上每花1美元，通常还要花好几倍的钱请顾问来实施系统。然而，这么多企业在技术上进行了巨大的投资，请问，你听哪个CEO夸耀过他们出色的ERP系统或惊人的投资回报？

郁闷的CEO一直苦苦寻找信息技术所能带来的效益，IT部门也是如此。当IT部门和职能部门努力寻求共识时，却往往陷入冲突，而技术供应商也会卷入这场争端。那么，问题到底出在哪儿呢？

组织的瓶颈与IT的角色

IT部门利用自身掌握的最好技术尽力去满足它的用户（各职能部门）。IT人员研究用户的需求，制作需求文档并获得各部门经理的签字许可后，开始开发或者购买相关的系统。当系统被交付给用户后，企业内部相互指指点点的"猴儿戏"，就鸣锣开场了。

用户声称IT部门没有理解或者没能正确诠释他们的需求，因此，实施的系统并没有给他们的工作带来实质性的帮助。于是IT部门投入更多的经费，设计额外的功能，并花更长的时间来实施系统。同时，IT人员为自己的立场辩护，他们格外努力地工作，仔细地定义用户需

可行愿景

求，甚至使用了精密的项目管理系统，在每个阶段都得到了用户的签字确认来搭建用户口中"想要的"系统。很多IT人员都在问："究竟还要我们怎么做？"

简单的改进计算机系统或者实施一套新系统，并不能为公司赚更多的钱。只有遵循新决策模式，以有效产出、投资、运营费用为指南，实施聚焦五步骤，才能为IT部门和其他职能部门找到真正的焦点。否则，怎么能说新系统对公司有价值呢？

满足用户的需求，只是一种达到目标的方式。用户的需求通常是从局部最优化出发，而不会产生全局性的财务改善。为了达成公司的目标，计算机技术必须消除或减少公司内部或供应链中的某些限制。过去的几十年，公司内部的限制已经发生了变化，这种变化对IT部门和其他职能部门都是非常重要的启示。

在20世纪60年代至90年代的几十年间，很多公司内部的限制不是流程处理得速度太慢，就是在既定的资源下对交易量的处理能力不足。例如，在20世纪70年代早期，即使是一个中等规模的制造工厂，原材料需求每月也只能计算一次。因为计算机需要很长时间才能完成计算，大多数公司没有能力去进行每月超过一次的计算。这种物理上的限制阻碍了许多公司改善生产排程或减少库存。

而功能强大的计算机软硬件能够以闪电般的速度处理更多的事务，因此，能够轻易地消除限制。然而有些公司虽然安装了功能强大的新计算机，但是也没有取得任何效果。很多公司仍然每月只计算一次材料需求，这些专门为应对当时的技术限制而采取的老办法，现在依旧困扰着它们。因此，为了确保技术的升级会为公司带来利润，必须回答以下六个问题。

技术升级的六大拷问[①]

（1）公司的瓶颈是什么？

（2）相对于瓶颈的需要，公司存在哪些技术限制？

（3）为了应对限制，公司采取了哪些规则和办法？

（4）新技术将如何消除这种限制？

（5）一旦实施新技术，公司应该辅之以什么样的新规则（以发挥新技术的威力）？

（6）你将如何推动这种改变？

在对计算机新技术进行进一步的重大投资之前，每个公司都将因聚焦五步骤的第一步（找到瓶颈）而受益。在理想情况下，公司应该将这一步骤应用于整个供应链和市场。只有我们确定了瓶颈，才有理由问：为了实现公司整体改善，计算机新技术必须消除什么限制？

当今在许多供应链中，ERP报表和系统数据都是反应局部的状态，如仓库中的库存、组织中的不同流程、人员、机器的效率等。供应链

---

① 和艾利·高德拉特博士一起寻找真正的改变，方向[EB/OL].英国：阿什里奇管理学院，2001. www.ashridge.com.

可行愿景

各组织的联系要么不存在，要么不是以盈利为目的。至于关于有效产出元天和库存元天（见第9章）这种必须在供应链各组织之间才能生成的分析报表，则是完全不存在的。

在项目管理中，旧规则根深蒂固。目前，大多数企业项目管理系统，都没有统筹管理的功能，即围绕战略资源合理安排项目的交付。在单项目中，项目经理仍然要求成员对他们的任务预估时间负责。难怪新技术已经实施，却无法带来任何收益！

正如前几个章节所述，要清除一项限制，必须改变公司现有的运营规则。软件和自动化流程中嵌入的新规则总结如下：

1. 财务与绩效管理新规则

- 根据对有效产出、投资和运营费用的影响做决策。

- 在内部报表和绩效体系中取消成本分摊，例如，取消部门的产品损益表或利润中心报表等。

- 应用有效产出会计。

2. 运营新规则

- 除了瓶颈——鼓资源之外，不鼓励局部效率（包括局部效率报表）。

- 流程再造与表单设计：控管投料、详细瓶颈排程、基于瓶颈排程的优先顺序、缓冲管理。

- 应用帕累托法则，记录瓶颈前缓冲的消耗状况，启动持续改善流程。

- 监控交期与在制品，通过数据分析进行决策，来缩短交期，降低在制品。

3. 分销新规则

- 库存应该被放置在最有意义的地方，例如在工厂仓库存放大量的库存。

- 按照实际销量拉式补货。

- 通过计算机软件自动向供应商下单，大幅缩短下单周期，根据实际销量下单，并依据季节和其他特殊情况加以调整。

4. 项目管理新规则

- 利用软件的"what-if"分析功能，根据"战略资源"的产能错开项目，根据优先级的变化重排项目。

- 应用帕累托法则，记录项目缓冲的消耗状况，启动持续改善流程。

- 聚焦整个项目的完成时间，而不是单一任务的完成时间。

- 项目报表体现关键链的完成进度、项目缓冲和接驳缓冲的消耗情况。

5. 供应链新规则

- 供应链上每个环节，依照有效产出元天的报表来采取相应行动，尽量降低有效产出元天，直到清零。

> **可行愿景**

- 在供应链上每个环节检查库存元天的数据，在不影响用户服务水平的情况下，尽量减少供应链总库存。

在大多数情况下，实施新规则所需的原始数据已经在目前的ERP系统中。缺少的工作是将供应链的各个环节连接起来来实施新规则。

IT：应用聚焦五步骤

当且仅当IT系统能够对公司的有效产出、投资和运营费用产生正面影响时，它才会给公司带来收益。在整体观的指导下，如何利用IT系统来"挖尽"和"迁就"公司的瓶颈，就变得简单多了：

- 如果瓶颈在市场，在打破瓶颈的时候"黑手党提案"通常会涉及信息技术的配合。例如，在第5章市场营销的一些案例中，利用信息技术来配合市场瓶颈的措施：将支持市场营销的IT项目设置为最高优先级，从产品报表中消除残留的成本分摊的痕迹。

- 如果瓶颈在市场，并且需要开发新产品时，IT部门可以配合开发关键链项目管理软件并为项目经理提供实时报表。

- 如果瓶颈在运营，信息技术最应该做的是提供运营支持以改善运营的流动性。

- 如果瓶颈在分销，信息技术最应该做的是支持分销解决方案，并且为整个分销渠道提供报表和决策依据。

第10章 信息技术：仍然不足够

- 如果瓶颈在供应链，在你的公司外部，那么信息技术必须提供连接功能，以生成整条供应链的有效产出元天与库存元天报表。

- 无论IT项目聚焦于哪个领域，它都必须促进项目的完成。采用关键链解决方案，IT项目在项目周期内可以"挖尽"自己的瓶颈。

到目前为止，从我们所描述的内容中不难看出，IT部门与各职能部门之间矛盾的根源在于不同的绩效指标。当IT部门达到了某个技术目标、实施了新的软硬件或者完成了一个项目时，就宣告胜利了。当各职能部门达到了自己的局部目标时，也宣告胜利了。然而，只有当IT系统对有效产出、投资和运营费用产生可衡量的正面影响时，整个公司才会从中受益。也就是说，当IT系统能够减少阻碍公司发展的限制时，整个公司才会从中受益。

为了达到整体改善的目标，还必须克服其他一些障碍：

- IT系统供应商愿意将运营、分销、项目管理和有效产出方面的新规则嵌入到它们的数据、报表及系统中。

- IT系统集成商及公司IT部门必须认同按照它们的服务对公司目标（有效产出、投资和运营费用）的影响来进行绩效考核这件事。

- 公司IT部门必须认同实施新技术本身并不是一个目标，所以不应该被当成绩效考核这件事。

- 在新绩效下，为了确保IT部门的成功，公司必须拥有专业的知

可行愿景

识以确认瓶颈，并决定IT部门应该如何挖尽瓶颈和迁就瓶颈。

- IT部门需要掌握新知识，从整体观的角度为公司设计出能带来整体改善的系统。

具有扎实业务功底的新型技术专家应运而生。有些软件供应商已经在它们的产品中植入了这些新规则，并且在全世界范围内实施其解决方案。这种软件一旦顺利上线，结合政策与绩效的改善，将在一年内为企业带来数百万美元的利润。

确认公司瓶颈之后，最具挑战性的障碍往往是如何让各方跨部门密切协作。这种协作需要IT系统集成商与公司各部门都对业务有一定程度的了解，以解决瓶颈问题。显然这对参与各方都是多赢的，但为什么让各方进行密切协作却又如此困难？

对于任何问题，一半的挑战来源于分析问题的根源并找到正确的解决方案；另一半的挑战则来源于以一种能够获得所有相关人员充分认同和支持的方式，将解决方案成功地推销出去。克服另一半的挑战需要磨炼最重要的技能之一：销售。这对于促成改善是非常重要的一关，我们将在下一章专门讨论。

小结及下一步

当且仅当一项技术能消除某些阻碍公司目标实现的限制时，它才算是成功的。因此，要想正确地评估任何IT部门工作的成功，首先要

第10章　信息技术：仍然不足够

回答的问题就是"到底是什么限制了公司达成目标？"

首先，确认瓶颈。为了突破瓶颈，公司必须改变现有的运营规则，IT系统必须将这些新规则嵌入到其数据库、报表和架构中。如何在运营、分销、项目管理、营销和财务绩效上突破瓶颈已经在前几章介绍过了。现在，市面上包含这些新规则的软件也已经可以买到。

剩下的问题在于如何获得管理团队、IT系统集成商、服务提供商和公司IT部门的支持？我们经常发现这一步面临着独特的挑战，而且许多人因为低估这一步而犯了致命的错误，因此，下一章我们将用一整章来介绍：销售——如何克服对改变的层层抗拒。根据我的经验，解决方案越强大，给你带来的好处越明显，你就越难把它推销出去，其理由并非显而易见。下一章，我将描述的强大推销方法也是从聚焦五步骤衍生而来的。

第四部分 未来照进现实

第11章 说服：克服层层抗拒

"解决方案越强大，推销起来就越困难，双赢的解决方案从不自我推销。"

第11章 说服：克服层层抗拒

概述

你越坚信可行愿景的威力及其带来的好处，你可能就会遇到越大的变革阻力。当CEO试图让高管团队转变观念时，常常遇到的困难是高管团队往往有各种理由来反对。一般来说，"变革"和"改善"这两个词是可以互换使用的，然而改善通常意味着变革，但变革并不总是带来改善。

许多研究表明，组织变革的失败率是很高的（高于50%）。本章将讨论失败的主因之一：未能说服各方以获得所需的支持。多年以来，很多人把"推销"和"说服"看作一门艺术，你会发现，要成功地实施一个重量级解决方案，比如可行愿景，需要在许多不同的领域进行说服以获取支持，那么，你愿意将这种成功托付给艺术吗？高德拉特为此特别提出一套"推销"和"说服"的流程，以克服变革的层层阻力，提高变革成功的概率。

请记住，在如下诸多领域成功地实施说服流程都是必要的：销售人员必须学会如何推销"黑手党提案"的价值；运营部门必须获得员工的支持，大幅简化排程和执行工作；为了确保项目成功，项目经理必须在这些方面赢得团队的认可，如新排程方法、接力赛跑的工作准则，以及不再以准时完成任务来考核个人绩效；在分销体系及供应链中，所有参与者都必须认同从推式系统转为拉式系统，并使用有效产出元天与库存元天（见第9章）作为绩效指标推动整个分销体系及供应链之间的合作。

可行愿景

任何重大变革的提议者总是只看到了变革的好处，反而对变革可能引发的问题视而不见。难怪那些提议变革的人总是被贴上"狂热分子"的标签。高德拉特打趣道，如果公司CEO提出一项巨大的观念与模式转型，那么他就会被看作"危险的狂热分子"。

当有人开始向管理团队展示自己杰出的改善构想时，一般都得不到热切的响应。出于不同的原因，人们反应冷淡，甚至抗拒改变。因为管理团队中大多数成员，其实已经思考过了那些正在被讨论的问题，并且有自己的想法。所以，团队中有人认为构想没有解决他们的问题，或者没有满足他们的需求；有人则认为构想太复杂了，根本不切实际；还有人认为，这个构想与他们自己的改善思路相冲突。

于是，在展示方案时，一开始就急切地将解决方案提出来，反而给说服制造了障碍。不论是在内部销售还是外部销售中，这都是很常见的。杰出的统计专家尼尔·雷克汉姆（Neil Raukham）[1]曾经对35 000个推销电话进行了研究，记录并分析了其中对达成交易有利和不利的行为模式，结果正是如此。

说服的核心问题在于技巧。实际上，人们面对改变有好几层抗拒。因此，无论是内部销售还是外部销售，要想提高成功的概率就必须按部就班层层突破。

---

[1] 尼尔·雷克汉姆.销售巨人[M].石晓军，译.北京：中华工商联合出版社，2015.

第11章 说服：克服层层抗拒

人们面对改变的层层抗拒

当一个解决方案刚刚成型，甚至尚未被别人完全接纳时，方案的制定者往往就急于去实施它。他们一上来就竭力鼓吹方案实施后将带来的美好未来，企图通过一次会议就说服对方接受并实施。但是，如果想要成功，销售员和管理者必须做些与直觉相反的事——不能太早提出解决方案。即使你是公司CEO，也不可以这么做，这是千真万确的。根据雷克汉姆的研究，一旦你过于急切地说服对方，结果往往适得其反。

雷克汉姆指出，当我们在明确对方的需求之前就开始谈论解决方案的特点或好处时，人们通常会提出反对意见。在说服过程中，反对的理由越多，就越不可能说服对方。以正确的顺序依次克服层层抗拒，才能防止异议的产生，这被称为"异议预防"。

第一层抗拒：对问题不认同

为了实现说服，很多人会做大量的准备工作，但是他们都漏掉了一个重要的细节：在特定受众的眼中，真正的问题是什么？

在任何话题中，都不止一个问题。例如，一家以项目型客户为销售对象的公司，营销副总会诉苦，"整个行业的产能都严重过剩"；销售员可能会说，"竞争太激烈了"；运营副总会抱怨，"客户要求的生产周期是做不到的，除非出现奇迹"；财务总监则抱怨，"管理费用太高了"。

可行愿景

如果你在展示自己的方案时,只聚焦于以上某一个问题,而忽略其他问题,那么你不可能得到管理团队的一致认可。而且,这些问题只不过是症状罢了。如果只处理表象问题,而不处理核心问题,改善效果则无法持久。试图单独解决每个问题,是极其复杂且低效的。这正是固有的简单性发挥作用的时刻,那就是将许多问题归结到一个共同的核心问题,解决了这个核心问题,其他问题也就迎刃而解。

销售员必须采取一种方法来描述每个人的问题,帮助每个人认识到大家都在同一条船上。这意味着在展示方案时,销售员必须清楚地把各个部门的问题联系起来。同时,处理几个不同问题的方法是抓住核心冲突,这是描述的所有问题的原因所在。

在我们的案例里,销售员要抓住每个人关心的问题,并且精准地找出导致所有症状的核心冲突(见图11.1)。由于整个行业的产能严重过剩,我们在库存方面一直存在冲突。销售部门希望我们多备库存,这样不会耽误销售。但没人可以精准预测在短期内客户需要什么,我们持有的更多库存,最后变成了高成本的过剩库存。如果我们少备库存,又会影响销售或陷入缺货的紧急情况。

现在我们终于理解为什么运营部门会焦头烂额了。为了满足十万火急的订单,它得将工厂搞得天翻地覆。如果在生产、销售、营销方面我们不改变基本规则,那么问题将永远存在。销售员将继续描述生产和研发、质量和生产之间的冲突,建立起各个部门间的因果关系。然后,销售员概述每个部门是如何在局部绩效的驱使下自然而然地采取种种不顾大局的行动,从而引发与其他部门对立的情形的。现在,显而易见的是，核心冲突深藏在这些表象之下，但它与每个问题都相互关联。

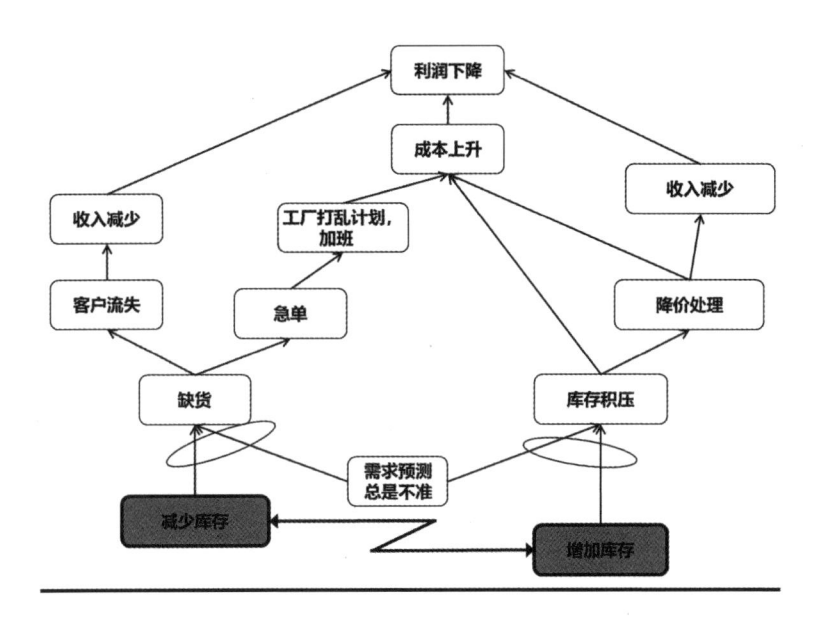

图11.1 克服第一层抗拒：展示不同问题之间的因果关系

第二层抗拒：不认同解决方向

即使听众认可你分析的核心问题，也不代表他们准备好了倾听你的解决方案。在说服这一阶段，真正的危险在于，人们只会寻找局部而非整体的解决方案。这些方案可能只解决核心问题中的一部分——最直接影响他们的那一部分。因此，人们必须就正确的解决方向达成共识。

为了避免大量不必要的沟通和糟糕的建议，在描述解决方案之前，应该先描述该解决方案必须具备的特征和必须满足的需求。例如，在可行愿景的解决方案中，必须具备的特征和必须满足的需求如下：

可行愿景

- 一套整体决策模式，让公司内部密切合作，聚焦瓶颈，以驱动公司获得指数级增长；

- 确认公司的瓶颈资源；

- 简单而清晰的整体绩效指标；

- 一套竞争对手难以模仿的营销提案；

- 快速实施方法论；

- 以更短的交期和更少的缺货，应对销售的大幅增长，从而使运营和分销的表现更加稳定可靠；

- 提供供应链的绩效指标，驱动供应链上的所有组织，去做有益于供应链整体（有效产出最大化）的事情；

- 教会销售人员如何向客户推销核心价值。

如果有人提出一个可靠的备选方案，而你忽略了它，那么你可能失去他们的支持，也可能错过一个更佳的解决方案。合理的做法是，公正地考虑它，同时具备两个或更多有备无患的方案。需要注意是，备选方案是否具备上述的基本特征。如果都具备，那么开始验证所提方案背后的假设是否成立，同时，有效产出、投资、运营费用绩效指标也提供了一个优秀的评估工具。

最后，无论实施哪个方案，每个部门的每个人都要理解整体需求。克服长期存在的冲突（见图11.1）来满足这些需求，就是解决的方向。

第三层抗拒：不认同解决方案

提案人必须采用令人信服的逻辑分析来说明解决方案是如何克服在第一层中发现的表象问题和核心问题的。这意味着解决方案必须包含足够的细节使每个部门都可以看到它对整个公司的承诺，以及它将如何解决阻碍公司目标实现的主要问题。一个未经深思熟虑的解决方案，会被管理团队批评得体无完肤，而他们的做法并没有什么错。

正如图11.2所示，在一家通过分销商销售的公司的案例中，在向该公司介绍可行愿景的时候，我们必须说明解决方案如何保证短交期；我们必须说明只要愿意延期赔偿，我们的提案就会被潜在客户认真对待；我们必须解释为什么拉式补货系统能够减少缺货，增加销量，并减少报废和仓储成本；我们必须解释为何公司几乎不需要支付任何赔偿金，以及生产部门如何应对5倍以上销量的大幅提升。

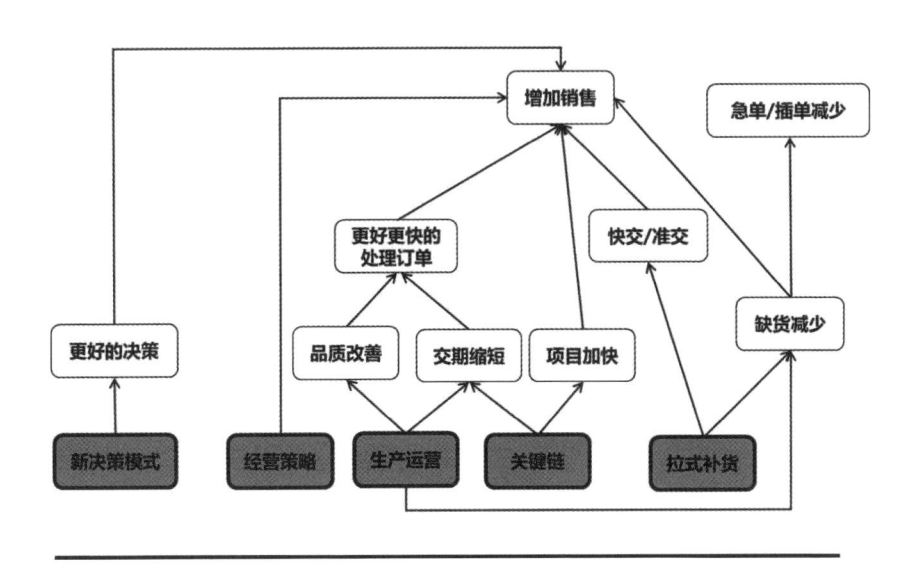

图11.2 克服第三层抗拒：展示解决方案带来的好处

可行愿景

在讲解解决方案的细节及其效果时，提案人一定要让听众看到这些主要的模块是如何配合的。一旦人们确信方案可以解决他们的问题，他们还会产生另外两种顾虑，那就是最后的两层抗拒。

第四层和第五层抗拒："是的，但是……"

提案人在讲解的时候，应做好充分的心理准备来面对听众的批评而非表扬。针对重要问题所提出的解决方案遭到听众的质疑是再正常不过的事情。通常，在这关键时刻，如果提案人应对不当，不能正确对待听众的批评与质疑，可能会就此扼杀这次说服的机会。任何人如果想获得真正的承诺和说服，就必须具备钢铁般的意志面对质疑，并采取正面积极的处理措施。

"是的，但是……"这种批评主要有两种形式。第四层抗拒指出，人们担心实施解决方案可能会导致负面后果。例如，一个制造商的运营副总可能会说，"假如营销提案成功的话，在我们扩充设备之前，产能就会不够用"。另一种形式的"是的，但是……"称为第五层抗拒，当人们发现实施解决方案遇到障碍时，它就会出现。例如，"话虽如此，但是新方案需要的技术支持和软件系统，我们没有"。换句话说，他们并不是抱怨实施方案会发生负面后果，而是担心遇到实施方案时的障碍。

对于这两种形式的抗拒，都必须严肃对待，严格记录，然后予以解决。谁是第一个提出抗拒的人，就咨询一下他该怎么办，你会发现，他往往也是第一个想出解决办法的人。因此，我们主张，响应这些抗拒最好的方式，是以书面的方式记录对方的意见，并正式地表达感谢。紧接着，我们就要分析所提出的担心是否真的成立。如果对方的担心有可能是正确的，你应该说："你的担心是对的，这确实是个问题，请问你对于如何解决有什么想法吗？"当邀请此人提出他的建议时，你会惊讶地发现，对方通常早已有了好办法。如果他们的办法能够体现在方案中，那么我们离说服他们就挺进了一大步。

面对层层阻力：先苦后甜

这种克服层层阻力的说服被循序渐进地予以实施，是十分有效的。如果跳过任何一步，你都会发现解决方案推销得很辛苦，失败的可能性也在增加。对于每一位销售员来讲，需要对解决方案有着深入的理解；对于听众而言，无论是内部团队还是客户，都必须从实施解决方案的第一天起，就行动迅速、步调一致地密切合作。

当我们按照上面的流程一步步进行时，会产生一种非常积极正面的心理作用。在第一层，听众会说，"这人真懂我的痛苦"。他们以整体角度来看待方案，并看到潜藏的核心问题。如果你成功地克服了这一层，那么听众会说，"我已经明白孤立地处理表象问题是毫无用处的，我们必须解决核心问题"。

在第二层，听众会总结道，"我们的解决方案必须满足某些极其重要的需求"。在第三层，他们确信，"只要能实施这个方案，我们面临的主要问题就都能得到解决了"。最后在第四和第五层，他们应该会说，"我的疑虑都消除了，接下来应该如何协助执行方案呢"？

可行愿景

小结及下一步

在大多数推销和说服的过程中，最大的失败在于，与听众就问题本身达成共识之前，用力过猛地推销自己的方案。但改变的阻力，反过来也是改变的推力，只要你对此善加运用，对任何观念与模式的转变都能起到积极的推动作用，正确并循序渐进地实施说服，便很容易说服听众，从而得到他们真正的支持，并协助实施解决方案。

到目前为止，如果你能按照本书描述的方式来解决瓶颈问题的话，你的公司应该已经取得了长足的进步：运行健康、客户满意以及供应商之间关系良好。然而，这些还不够完全支持你达成可行愿景。实现可行愿景的基础模块已经基本就绪，但要实现指数级增长，你必须有一个清晰的路线图。下一章战略将会讨论如何把所有模块整合起来。

第12章 战略

"绝大部分长期战略的作用就如同预测五年后的天气一样……"

可行愿景

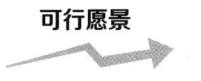

概述

投资人希望看到可持续的、显著的和可量化的改善。要达到这种改善，公司必须提出一种能够不受经济下滑和新竞争者影响的战略。要实现这种战略，在既定时间内，公司除了达成目标，还必须付出更多。

所有我们在前面章节中提到的理念与新决策模式，都是建立一个好的长期战略的先决条件。但这也许还不足以让你的公司在下一个15年中保持发展势头。问题就在于，一种好战略不只意味着一件事情，而是要处理好以下三件不同且彼此冲突的事情。

- 现在和未来都要盈利。

- 现在和未来都让市场满意。（提到市场，高德拉特指的不只是客户和潜在客户，还包括供应商、你所在的社区和社会等。）

- 现在和未来都要为员工提供一个安全而满意的工作环境。

在这三件事情中，无论你把哪件作为目标，哪件作为必要条件，战略都是相同的。公司可能宣称它的目标是现在和未来都让客户满意。没关系，只要他们能意识到公司盈利和员工满意是维持客户满意度的必要条件就没有问题。又或者，公司可能会认为，"员工满意才是我们的目标"。这也没关系，只要让他们知道公司盈利和客户满意是保证员工满意的必要条件就可以。

当公司遇到现金流问题，或者正在走下坡路，而且在短期内看不到出路时，公司盈利、员工满意和客户满意这三者才会出现冲突。

当一个公司发现自己处于尴尬境地而不得不违反这三件事情之一时，结果往往是灾难性的。《财富》杂志的一项研究曾指出，那些大规模裁员和削减成本的公司，倾向于不断重复这种行为。将时间拉长来看，这项研究表明，比起那些实行增长战略的公司，它们的发展往往更糟糕。由于现金流危机而裁员，如果只发生一次，员工还可以容忍。可是，如果公司短期和长期现金流都没有问题却仍然进行多次裁员，这无疑在向所有员工传递一个信息：不要费心去做任何改善了，因为任何改善都会转化为更多的裁员。

彻底化解冲突

最优化预测、精密的电脑系统或者其他一些独特的技术并不能化解冲突，任何单单基于以上某一种情况的战略，风险都是极大的。因此，只有当你能够回答"我们如何创建未来十到十五年的持续竞争优势"时，才能彻底化解冲突。好营销与好运营，也并不足以解决这三件事情之间的冲突。在当今全球化市场日新月异的环境下，公司需要防火墙才能同时满足这三件事情。这不是一夜之间就能做到的。我们可以先问问自己：什么样的突发事件可能击垮我的公司？

为了同时满足这三件事情，公司必须建立决定性的竞争优势。此外，即使公司在一两个领域无法正常运营，无论是因为竞争对手、政府政策还是其他严重事件的影响，好战略必须促使公司继续改善，同时不会影响到客户或员工。

> 可行愿景

创造持续竞争优势

任何好战略都有五个必要的先决条件：

（1）对所有的管理人员来说，一套通用且正确的决策模式（包括整体绩效）能够引导和鼓励整条供应链上的公司，让它们做出对供应链整体有益的行为。决策模式就是有效产出、投资和运营费用，还有聚焦五步骤。

（2）稳健、可靠的运营体系，让公司能够"灵活运转"。一家公司要满足客户的交期，至少做到不低于竞争对手的水平。此外，当需求大增时，公司必须快速扩产，这就需要聚焦于一到两个运营变量（或称为"受压点"）上并要求其快速调整到位。在向市场传播公司价值之前，第6章所述的"鼓-缓冲-绳子"解决方案必须就绪。

（3）稳定、可靠的分销体系，超过竞争对手的供应链。TOC分销解决方案提供了拉式补货系统。

（4）快速、可靠地实施变革的能力。这意味着优秀的项目执行力。关键链提供了大幅缩短项目周期和提高项目成功率的方法。关键链并非可有可无，它是达成可行愿景的先决条件。

（5）一套嵌入TOC规则的软件。

一旦公司具备了这五个先决条件，就可以稳定运营并且快速适应市场的变化。公司现在已经为开拓市场做好了准备。综合应用以下六项理念，公司将在10~15年内占据市场主导地位。

第12章 战略

（1）改善产品或服务的提案，从而在相当大的市场上大幅提高客户认知价值。"黑手党提案"的概念在第5章和第2章中已有详述。为了提供"黑手党提案"，你必须真正了解客户，以及了解他们如何从以下这些变革中受益：

- 产品种类；

- 包装；

- 服务等级；

- 质量保障；

- 反应速度或交期；

- 消除行业规则给客户带来的痛苦，例如运费、最小起订量等。

在改变产品本身之前，你首先要审视那些根深蒂固的行业规则。不要将提案建立在价格战的基础上，价格战最容易被竞争对手快速模仿。在真正成功实施提案之后，我们将会在一个相当大的市场上取得巨大的竞争优势。此外，市场部门学会了如何成功地在市场中以更高的价值重新定位产品；销售部门学会了如何有效地去销售价值；运营部门学会了如何应对需求的激增。

各个职能部门树立对战略的信心，为实施第2项理念创造了理想的条件。

（2）以一种能够确保区隔市场的方式引入"黑手党提案"。当且仅当一个市场中产品的价格和销量不被另一个市场中产品的价格和销

可行愿景

量所影响时，该市场才是一个区隔市场。区隔市场，让你有机会以独特的方式用相同的产品或服务去满足不同客户群的需求。

例如，一个高档鞋厂进入大众市场卖便宜的鞋；一个卡车零部件生产商进入一个售后服务市场销售零配件；一家无线通信产业中尖端产品的分销商，利用它的专业能力来分销基础耗材。实施第2项理念的结果，是让公司能在多个具有竞争优势的区隔市场中成功运营。

（3）如果没有巨额利润，不要试图占据100%的市场份额。

如果一家公司拥有了某个区隔市场100%的占有率，那么它改善的灵活性就会少很多。垄断市场意味着公司将承担很大的责任。如果公司决定退出，但没有给它的客户留下其他的选择，那么客户会恨它很久。不要花太多的精力去夺取100%的市场份额，除非它能给你带来巨额利益。因此，要将公司的资源用在能够发挥最大效用的地方。

（4）公司应该谨慎增加新品，除非这些新品需要的资源（人员）与现在相同。一家公司如果能够在不同的市场和机会之间，按照自己的意愿自如地调度资源，那么它就具有极好的灵活性。灵活性让公司有能力满足员工的稳定性和提高员工的满意度，同时使员工为公司赚更多的钱。在实施这一理念时，一定要记住，我们讨论的重点是人，而不是机器。比如，一个优秀的飞机零部件工程公司的经理也能够管理其他工程公司。实施这一理念的结果是，公司成功地区隔了市场而非资源，并且可以灵活地调配资源。

（5）当选择市场组合时，寻找同时遭遇经济衰退的可能性很小的

第12章 战略

多个区隔市场。当与第2、3、4项理念相结合时,这一项理念为公司的长期稳定发展提供了必要的防火墙。当一个区隔市场上升时,通过刻意地不占有其他区隔市场100%的份额,公司就可以灵活地将资源调度过来;当一个区隔市场下滑时,公司可以将资源转移到其他市场。如此一来,公司几乎不会让自己陷入被迫裁员的境地。

(6)公司利用实施上述理念所创造的机会之窗,找到一个因素,大幅改善以形成显著的竞争优势。当成功实施第1项和第2项理念时,公司很可能在2~3年内被竞争对手赶上。这项理念要求公司抓住窗口期来建立一个决定性的竞争优势。现在公司必须找到一个改善因素,将其水平提升至几倍。例如,在计算机行业,这可能是指系统运行速度快五倍,或操作简单五倍。在航空业,想象一下,一家航空公司以现在四分之一的时间把你送到目的地,这倒并不意味着飞机速度要快四倍;在订制汽车时,你可以想象一辆个性化汽车在两周内被送到你的家门口,而非原来的12~15周。

类似的改善因素,在每个行业中都存在,公司脱胎换骨,才能梦想成真。这不仅仅是技术上的挑战,还通常需要工程、生产、分销和市场营销的密切合作。实施这一理念的成果是公司具有远远超出当前产能的增收潜力。

这才是战略。它并非基于预测,而是将理念融会贯通,有序实施,将你的公司打造成一个"500千克的大猩猩",一个主导行业的"大猩猩"。500千克的大猩猩睡在哪里?它想睡哪里,就睡哪里!

现在,实施战略的主要障碍是对组织当前状态的有效评估,并获

> 可行愿景

得高管和管理团队的认同。这是我们最后一章的主题。

小结及下一步

参照新决策模式,并实行本章一开始所列出的五个先决条件,你的公司就会远远超过许多竞争对手。你能够解决组织当前的瓶颈问题,从原材料供应商开始,到分销商和最终消费者。你的供应链将团结合作,公司运营也高度可控。此外,绝大多数项目都将比以前提前完成。

一个好战略,将为公司未来10~15年护航。这一战略需要包含持续的竞争优势,在本章中所描述的六项理念将引领你达此目的。最后,确保你完全认可并实施战略细则。

在规划详细的战略路线图时,需要对你的公司进行评估。为了让你有一个适当的起点(公司当前的瓶颈),评估是必需的。CEO需要对公司的现状进行坦诚的沟通。如果CEO认同评估的结论和组成可行愿景的模块,那么就可以开始说服管理团队的其他成员。管理团队不仅需要全身心地投入,还必须充分理解跨部门的协作事项。

这些事项至关重要,所以我需要整整一章来描述。下一章我将告诉你,为了在你的公司里实施和应用新决策模式,你应该采取什么行动。最终,我们建立一个可持续改善的公司,不断地提升股东价值,满足客户及市场的需求,让员工拥有较高的满意度和较可靠的工作保障。

第13章 转变观念

"不要自欺欺人,以为通过一台电脑就能改变企业文化。"

> **可行愿景**

概述

基于我超过25年的经验以及种种头破血流的教训，我学会了如何引导高管团队就一项有意义的战略规划达成共识，而无须使用"大棒政策"。事实上，这在很大程度上归功于高德拉特博士及其团队的研究与投入。正确地启动流程可以确保改善项目的迅速推进，并保持良好的发展势头。

第1阶段：可行愿景评估

克服第一层，也是最重要的一层抗拒，关键在于获得高管团队强烈的共识。为此，你必须有一个坚如磐石的可行愿景。

因此，第一步是评估公司中潜在的瓶颈和核心问题。最好是从CEO对公司目标的理解开始，包括他对阻碍公司达成目标的主要问题的看法。在与高管团队的所有其他成员开会期间，记录他们对阻碍目标的问题或冲突的看法也是很重要的。

在各个职能领域中，探索供应链中普遍存在的问题及其对公司绩效的影响。例如，以下是在市场营销、运营和分销三个方面加以探讨的一些问题。

1. 市场营销

- 客户的抱怨不只是针对你的公司，而是针对行业中所有的公司；
- 产品或服务的使用方式是在核心市场中阻碍价值还是创造价值

（这里的重点不是指品牌，而是指产品或服务）；

- 市场份额和降价压力；

- 缺货对客户及公司利润的影响；

- 新老产品的竞争、退货数量及价值；

- 库存周转率和现金流对客户的重要性；

- 各主打产品线的独特卖点。

2. 运营

- 准交率和当前赶工进度；

- 处理需求高峰的难点；

- 在制品及成品的库存水位；

- 急单及其影响；

- 质量问题的量化。

3. 分销

- 成品的库存水位和存放地点；

- 量化库存和缺货的损失；

- 紧急配送（成品从一个仓库运输到另一个仓库）的量化分析；

- 对预测准确性的依赖；

- 整个供应链的补货政策；

可行愿景

- 当前的物流系统（最小/最大库存法或其他）。

通过对以上信息的分析，公司能够毫无疑问地确定瓶颈在哪里，以及瓶颈对公司绩效的影响。

此外，从以上问题中提取四项关键要素，才能建立可行愿景。

第一项关键要素是市场营销战略，其中包含营销提案，通过它来驱动指数级的销售增长。如果公司市场占有率不到50%，这将是向既有市场提供营销提案的大好机会。请记住，每个提案必须"好到客户无法抗拒"，但又绝不以价格战为基础。如果公司市场占有率高于50%，那么市场营销战略就得考虑其他市场或产品。

第二项关键要素是运营与分销管理，它能使整个供应链获得大幅而持续的改善，包括缩短提前期、提高准交率、提高有效产出、降低缺货与库存。

第三项关键要素是正确的决策模式（聚焦五步骤，全局性指标——有效产出、投资、运营费用，以及供应链绩效指标——有效产出元天和库存元天）。

第四项关键要素是本书中描述的关键链项目管理方法，实现多项目管理，并快速完成项目。

第2阶段：说服

在与高管团队接触之前，要确保CEO及其团队中至少1~2位高管

第13章 转变观念

认同可行愿景。就个人而言，每位高管都想知道，实施可行愿景及相关变革是否可行，能否让他们的工作更轻松。尽管高管团队对整体绩效非常关心，然而这些令人头疼的问题才是他们每天不得不面对的。

因此，一旦完成了评估，并确定了可行愿景，就必须确保整个高管团队达成共识。最好的方法是，通过提问的方式来探索当前的做法及冲突。在演示分析过程时，你必须说明，瓶颈和瓶颈引发的各职能部门的痛苦是如何相互影响的；同时也必须说明，以新营销提案为基础，迈向可行愿景的潜力是巨大的。在第11章，我提供了一些示例。

在说服的过程中不能掉以轻心，一定要小心那些防御性的反应。在演示分析过程时必须郑重指出："这是'系统冲突'引起的问题，切勿将矛头指向个人。"（"系统冲突"指的是系统中有两个需求，它们对于达成目标都是必要的，不同需求产生了行为冲突并导致了负面结果。如图13.1的例子所示。）

在进行第3阶段之前，你需要得到大部分高管的共识。如果某些团队成员对分析结果持合理的保留意见，则可以通过一些额外调研来解决问题。同时，设定下一次会议的日期。

至此，一个成功的流程意味着团队认同愿景是可行的，也认同你所指出的核心问题或核心冲突阻碍了愿景的达成。

在实施可行愿景之前，还有几个障碍必须克服。假如高管团队对

可行愿景

于贯穿内外部供应链的因果关系没有共同而深刻的理解，那么几乎不可能实现一个完整的解决方案。高管也不会充分领会到，实施某些理念或改变某些绩效指标的必要性。

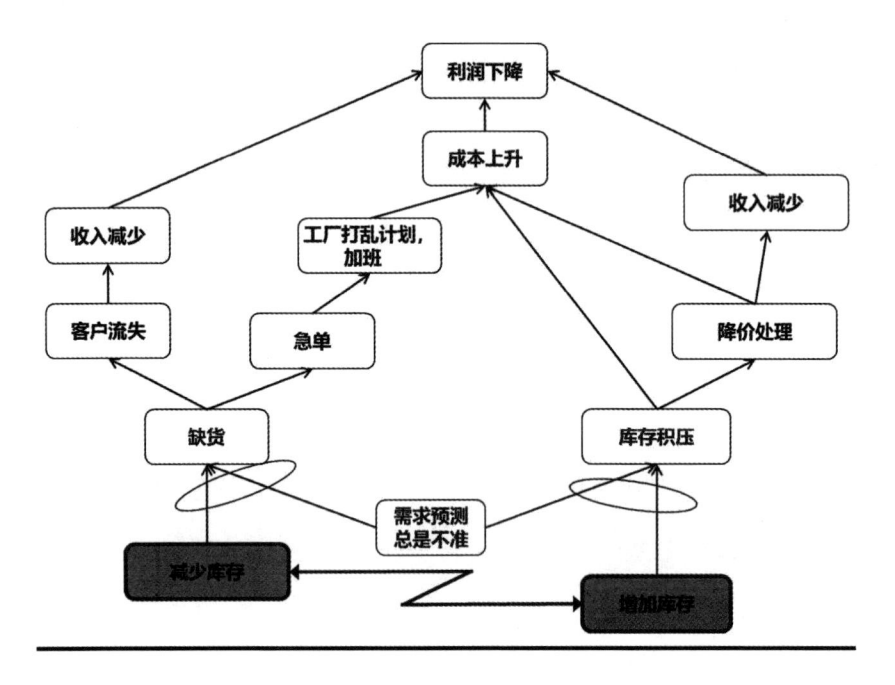

图13.1　系统冲突的例子

第3阶段：4×4流程[①]

每个团队成员都必须清楚并同意他们应该做什么来挖尽和迁就瓶颈。以下描述的流程具有通用性，任何公司都可以用它来建立管理团队的共识。

---

① Gerald I.Kendall Securing the Future: Strategies for Exponential Growth Using the Theory of Constraints [M].London: Taylor & Francis，1997.

第13章 转变观念

"4×4流程"并不是说我们拿起一块大木头敲打人们的脑袋。它代表一个为期八天的流程，分为两个部分。第一部分的四天，对整体供应链的因果关系建立共同而深刻的理解，它强化了本书所讨论的新决策模式。

第二部分的四天，构建详细的战略，聚焦瓶颈问题和解决方案，厘清其中的逻辑关系。对公司核心冲突的理解和化解冲突的方向，是管理团队达成共识的关键所在。例如，一个大型国际分销商的案例。

在这家分销商，高管团队中长期存在一个冲突。分销商的营销策略是成为客户无线通信产品的单一供应商。它有超过16 000种的产品，并在需要时通过客户订购向客户提供另外10 000种产品。在这种情况下，总会有客户询问没有现货的产品。如果你在给一位订了100种产品的客户供货时，缺了1种产品，那么你就极有可能会失去整笔交易，同时还会丢掉这位客户。难怪销售副总会一直不停地推动产品的多样化，储存更多的品种以满足每一位客户的需求。

品种多样化在带来巨大利益的同时，也带来了许多不良效应。它制造了一个营销瓶颈：需要不断推出新的市场营销计划。这给采购部门带来了巨大的工作量和持续的压力，如建立新的供应商关系，订购不同的品种等。同时，对于仓储物流相关人员来说，必须弄清楚在哪里存储这些产品，存储多少，什么时候再次下单。这也是个不小的挑战。如果高管团队中的任何一方，在冲突中试图将自己的立场强加给另一方，那么想要达成战略共识和实施持久的战略，无异于痴人说梦。

可行愿景

为了克服这些障碍，在第一部分的四天中，高管团队需要学习供应链上的因果关系。

可以通过学习参考资料将通用性的资料举一反三地运用在实际环境中，这一过程能够激发高管的思考："我应该怎样去提升组织绩效？"接下来，高管开始超越"盲人摸象"心态来评估这些想法带来的影响。

在第二部分的四天中，高管团队需要制定详细的战略。一个好战略必须包括以下几个需求：

- 有一个可行愿景；

- 确认并解决公司的瓶颈问题；

- 为长期增长奠定正确的基础，包括运营、分销、项目管理方面稳定的表现，同时将新决策模式嵌入其中；

- 让高管团队将实施该战略当成养育自己的孩子。

为了满足这些需求，第二部分的四天要求高管团队细化实施可行愿景的方式，包括长期阻碍可行愿景达成的冲突和解决方案，就像上述分销商案例中描述的一样。

首先，每个团队成员写下是什么阻止他们实施可行愿景。许多障碍是由跨部门的冲突引起的。接着，每个人与其他成员共同寻找解决障碍的办法。这就为他们对可行愿景做出强有力的承诺提供了一个基本的理由。如果他们知道如何使整个公司发展得更好，他们就又有了一个坚决拥护可行愿景的好理由。

高管团队收集了成功实施可行愿景的办法，并将其转化为一个高层次的项目计划。接着，团队必须指派一位项目经理来推动整个计划的完成。

小结及下一步

一家公司经常是空有解决问题的办法，却苦于找不到自己的瓶颈所在。因此，许多公司忙得不可开交，却没有解决真正的瓶颈问题，也没能充分利用瓶颈资源。要改变这种顽疾，必须建立对整条供应链因果关系的深刻理解。花点时间确立可行愿景并充分利用公司的宝贵资源，然后，就瓶颈和解决方案，与高管团队达成共识。

对高管团队来说，比起公司正在做的事情，通过可行愿景实现指数级的增长既有趣也令人兴奋。这不是在一个不可能的愿景下工作，或者根本没有愿景。捕获、增强和释放可行愿景的能量会改变一个团队，人们的态度从"这是不可能的"转变为"没有什么能阻止我们"。团队的转变以及公司更好的生命品质，是我对你和你们公司成功的祝愿。

对于你们中的一些人来说，在建立持续改善流程的道路上，旅程才刚刚开始。你可能想知道，公司应该从哪里开始，或者如何获取更多的知识，以促进或帮助实施新决策模式。在过去的20年中，已经有超过30本关于TOC的书籍出版，另外，还有自学教材、文章、影片、

可行愿景

模拟软件和许多其他工具,这些资源都能协助你深入了解更多关于TOC的专业知识。请阅读参考文献来探索各种可能性。

我希望本书能改变你的思维模式,使你成为一个明智之人。对你自己及周围的人而言,这是迈向美好人生的重要一步。

后 记

可行愿景2.0：中国企业家的秘密武器

掩卷沉思，可能你最大的遗憾是，可行愿景是20年前提出的理论，附录的案例也是国外的案例。20年来可行愿景的最新进展，尤其是在中国的实践前景，也许是你最想了解的。

遥想昔年，我作为可行愿景的推广大使，聆听高德拉特的教诲，与大师一同诊断客户，耳濡目染皆是他的科学精神，更有大师对中国经济的殷殷关切。2011年1月，高德拉特来中国布道，出席我们主办的研讨会。我向高德拉特请教创新的秘诀，他微笑着告诉我："找到一位巨人，然后站在巨人的肩膀上！"2011年6月11日，巨星陨落，永失宗师。宗教的传承是照着讲，祖师爷最为厉害；科学的传承是接着讲，江山代有才人出。站在巨人的肩膀上，我来展望一下中国的实践前景：可行愿景2.0。我想，这也许是对大师精神最好的继承和发扬。

可行愿景2.0的缘起

应该说，今天中国的经济环境相对于可行愿景传入中国的时候，有了本质的变化。这倒不是因为新冠肺炎疫情，因为2014年中国经济

可行愿景

就进入了新常态。2019年更是中国经济的一个分水岭。中国经济从顺势经济转为逆势经济。（国际上，一般把中高速增长的经济称为顺势经济，把中低速增长的经济称为逆势经济，临界点是6%。2019年，中国经济刚好卡在了临界点。）2020年的疫情只是加速了这一历史进程。甚至可以毫不夸张地说，没有疫情，今天中国的很多企业也好过不到哪里去。

顺势经济的本质是增量市场，逆势经济的本质是存量市场。我们的商业世界，2019年从春秋来到了战国。春秋之战，点到为止；战国之争，至死方休！（我甚至想，如果哪一天地理学家发现华夏大地上最后一块无主之地消失的时刻，那才是春秋与战国最精准的分界点。）存量市场之间的博弈，竞争将越来越惨烈，无论是企业，还是国家。中国企业家已经开始走进存量市场的新时代，面临逆势增长的新命题。

过去40年，对中国经济的发展一言以蔽之：红利效应。如果把中国经济看作一辆汽车，红利就是发动机，衣食住行则是四个轮子。中国经济的三大红利是：人口红利、WTO（World Trade Organization，世界贸易组织）红利、互联网红利。大家都知道，人口红利已然不再，而中美贸易战的本质就是要打破我们的WTO红利。那么互联网红利呢？消费互联网见顶，产业互联网还需假以时日。新旧动能亟待转换、创新，成为唯一的增长引擎。

在顺势经济下，你的日子不错，对手的日子也没差到哪里去。你好我好，大家都好。然而，放眼全球，主要经济体都处在中低速

后记

增长的逆势经济。逆势经济，并不是就没有机会了，其问题的背后隐藏着更大的机会。存量市场要想增长，增长点就要从对手那里来。存量市场可以奉行鲁迅先生的一句话，叫作"拿来主义"。马太效应越来越明显，行业集中度大幅提高，"数一数二法则"决定了未来的行业格局。

如果说顺势经济，面临的是趋势性机会，那么逆势经济，面临的就是结构性机会。什么是结构性机会？新经济增长，传统经济却下滑了。汽车销量减少，豪车销量却上升了；酸奶行业下滑，高端酸奶行业却上升了。冰火两重天！这样一来，未来的企业将分为三种情况：头部企业，强者恒强，剩者为王；夹心层企业，举步维艰，不进则退；底部企业，小散乱弱，东躲西藏。因此，活下去才是王道！

头部企业的增长将来自夹心层企业所丢掉的份额。夹心层企业丢掉了市场份额，而各种成本却不可逆上升，其结果必然就是亏损。在增量市场中，企业能够承受一定的亏损，只要熬到市场回暖即可。而在存量市场中，一旦企业亏损就可能是持续性亏损，最终万劫不复，甚至"一夜回到解放前"。

过去是高速增长阶段，现在是高质量发展阶段！
过去是顺势经济，现在是逆势经济！
过去是增量市场，现在是存量市场！
过去是春秋，现在是战国！
过去是跑马圈地，现在是精耕细作！

> **可行愿景**

过去是趋势性机会，现在是结构性机会！

过去是红利驱动，现在是创新驱动！

过去关注规模，现在关注利润！

过去追求做大，现在追求做强！

结论："逆水行舟，不进则退"。逆势增长，"不成功，便成仁"；存量市场，"高筑墙，广积粮，缓称王"。高筑墙就是打造竞争力，广积粮就是追求净利润，而缓称王，就是要聚焦核心市场。相信读者已经看出，这正是可行愿景的精髓所在。从这个意义上说，可行愿景是存量市场的增长圣经。

可行愿景2.0的定位

人们常常过于高估未来一年的改变，而又过于低估未来五年的改善。能够规划企业未来五年，你已经赢得了大多数人。

曾经有企业家问我，可行愿景是不是更适合中小企业，因为很难想象大型企业实现营转利。那就看看国家的统计数据吧，我们的财政收入直逼若干年前的国内生产总值（Gross Domestic Product，GDP），这是实现营转利的最大案例，没有之一。中国政府的秘诀就是"五年规划"，目前，五年规划已经经历了13个周期并且多次实现战略目标。2020年，十四五规划和2035年远景规划出台。中国是五年规划最成功的案例，也没有之一。而且对方法论也进行了升级：从五年计划到五年规划。（计划曾经管得太死，而规划则是留出一片空间，任万物生长，见央视经济频道纪录片《五年规划》。）

后 记

短期太短，长期太长。何以解忧，五年规划！在战略规划上，中国企业最应该向中国政府学习。只有做好五年战略规划，实现企业小周期与国家大周期的同频共振，才称得上大战略，如"转圆石于千仞之山者"。我们惊喜地发现，可行愿景为中国企业的五年规划提供了落地方案。在我看来，这也许才是可行愿景的最大意义。（这里需要一个小小的调整：在美国，可行愿景是四年规划；为了更好地吻合中国企业的战略节奏，我将它升级到五年规划。）

可行愿景的基础是TOC，而TOC的前身是最优生产技术（Optimized Production Technology，OPT）。20年前风靡中国的信息化运动使大部分企业上了ERP，却并没有真正有效地落地。OPT发现，只要抓住了瓶颈资源的计划，牵一发而动全身，才会控制工厂的有效产出、库存和成本，实现真正意义上的企业资源计划。现在，基于瓶颈资源的生产计划与执行体系，已经成为ERP中高级计划排程的灵魂和标配。因此，可行愿景天然就具备落地计划的基因。

如果大部分企业即使有了一个战略规划，也不能确保实施成功的话，那就试试可行愿景吧。只要抓住了企业的战略资源，一子落而满盘活，就抓住了企业业绩、利润和现金流目标的达成，并把握住了战略执行的节奏。基于战略资源规划与执行的可行愿景2.0，正是制定五年规划并确保规划实现的秘密武器！（见图14.1）

可行愿景

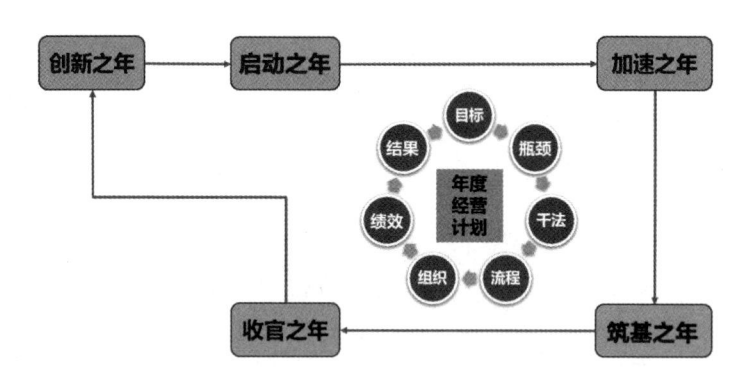

图14.1　可行愿景2.0五年规划

下面，我给出可行愿景2.0的正式定义：五年之后的净利润等于今年的营业额，成为上市公司或者被上市公司并购。

今天，一家营收1亿元的企业也只是一家中小型企业，并没有什么安全感。然而，一旦实现营转利，做到1亿元的净利润，那就完全不一样了。首先，公司达到了上市的利润指标，其次，任何上市公司的董事长看见该公司的财务报表两眼都会放光。进，可以寻求独立上市；退，可以选择被上市公司并购。即使不追求成为公众公司或者并购退出，只是作为一门生意，每年盈利1亿元，也是一份不错的生意。最重要的是，这是完全可以实现的。

（题外话：上市并非是进入资本市场的唯一选择。在存量市场，整合并购才是资本市场正确的打开方式。一方面，很多企业认清了形势，选择并购退出，不再寻求独立上市。另一方面，上市市值的溢价源于流动性，而如果做好整合并购的布局，可以享受被上市公司收购的战略定价和控股权溢价，并不见得比流动性溢价少。从这种意义上讲，2019年，也是中国资本市场整合并购的元年。）

后记

可行愿景2.0十大解决方案

经典的TOC解决方案一共是8个（见图14.2的2~8），应该说，TOC在传入中国的时候，最成熟的只有运营管理解决方案。15年来，我们孜孜不倦，不断突破落地的瓶颈。在众多客户的支持下，非常幸运地将另外7个解决方案落地，并且为可行愿景增加了2个解决方案。感谢他们的坚定支持和艰苦付出，我们才能不断进步，取得小小成绩。

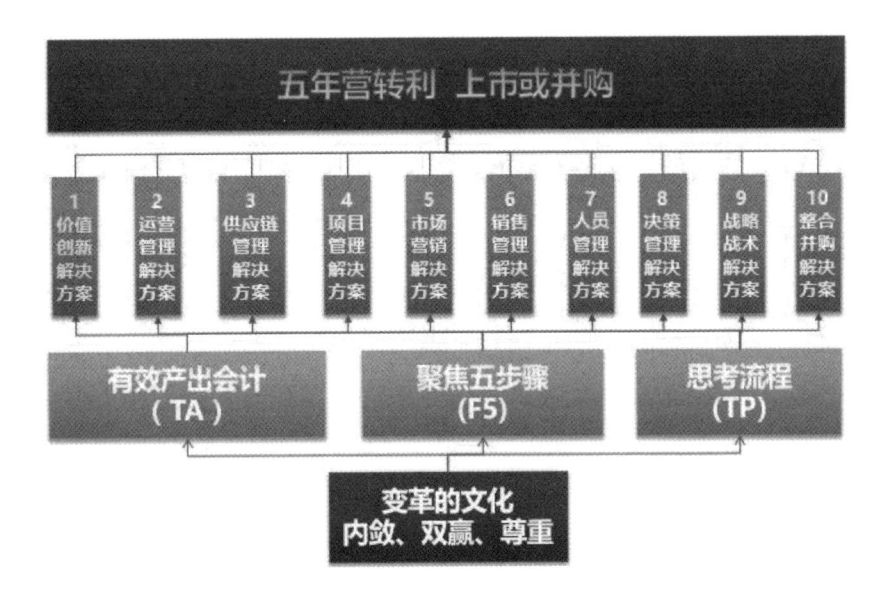

图14.2 经典的TOC解决方案

1. 价值创新

价值创新，是可行愿景的第一站。对存量市场来说，创新是唯一的增长引擎。而创新最怕的就是伪需求：企业辛辛苦苦做出的产品，根本没有人买单。创新最大的错误思维是尽快将产品推向市场。这

可行愿景

是一种火箭发射式的做法，按下按钮，然后闭上眼睛祈祷它不要掉下来。

客户需要的不是产品，而是解决方案。客户也不知道自己的需求，除非企业把产品做出来。因此，价值创新的解决方案是MVS+BM[①]，它指的是向市场尽快推出极简解决方案，大胆假设，小心求证，快速迭代，最终成功。

反面的案例是，很多企业家由于主营业务竞争激烈而被迫转型。他们看好一个新产品就进行投入，结果卖不掉的产品成为库存；又看好一个新产品，再次投入，然后又收获一堆库存。几年折腾下来，企业家成功地转型为"收藏家"，除了库存，一无所有。

2. 运营管理

在制造业，运营管理就是生产管理；在服务业，运营管理就是服务交付。运营管理最大的错误思维是资源闲置，即浪费。我们患上了"效率综合征"，执着于计件工资和资源利用率的绩效考核，确保大家"看上去很忙"！

然而，瓶颈决定产出。在瓶颈处增加一个小时，等于整个企业增加一个小时；而在非瓶颈处增加一个小时，反而会增加成本，造成伤害。瓶颈要挖尽，非瓶颈要配合。

因此，运营管理的解决方案是DBR+BM。相应地，其工作伦理也要升级为"消防员法则"：有活快快干，没活就训练！当我们在东风

---

① BM是缓冲管理（Buffer Management）。

汽车实施DBR+BM时，就成功建立起了3R文化：可靠、快速、响应！

3. 供应链管理

供应链管理的本质是库存周转。中国制造最大的一个问题就是库存与应收账款。（应收账款的本质也是库存，如果能够卖掉库存，我们何必赊销？）供应链管理最大的错误思维是为了确保供货，将库存尽量靠近客户，最终造成高库存与高缺货并存的结构性问题。

因此，供应链管理的解决方案是库存后退，信息上前，上游管下游，订货改补货。库存是一种资源，只能用，不能分，一分就会旱涝不均。因此，一定要建立中央仓库，哪里卖得好，就往哪里补货。不是人找货，而是货找人。

订单制保护产能，补货制保护需求。没有订单，才是好的服务！上游为下游服务，才是好的服务！（如果你到餐厅吃饭，服务员主动添茶和你喊一嗓子哪一种才是好的服务？前者属于补货制，后者属于订单制。）

2009年，我们在秋水伊人试点拉式补货成功，服装业从此多了一种商业模式：零库存。

4. 项目管理

项目管理与运营管理的不同之处在于：运营面对的是重复性作业，而项目面对的是一次性作业。项目中遇到的问题，更像是一种"意外"。因此，项目管理的本质在于管理不确定性。

项目管理最大的错误思维是如果想准时完成项目计划，就必须要

可行愿景

求每一个任务准时完成。然后，项目管理就演变为"责任制"，每个人给出时间承诺，达不成就进行惩罚。

然而应对意外最有效的方式，应该像保险公司一样，每个人都把储蓄拿出来，谁真正遇到了意外，就给谁大额赔付。

因此，项目管理的解决方案是CCPM+BM。它指的是放弃"责任制"，改为"保险制"。只有每个人都不留缓冲，项目才能有缓冲，一旦有人遇到意外，就动用项目缓冲进行攻关，这样一来项目就会提前完工。

在研发型企业，提前完工就有可能快速上市，这是核心竞争力；在建筑行业，提前完工就有可能提前回款，解决让人头疼的应收账款问题。

5. 市场营销

营销是激起市场对我们产品和服务的渴望。市场营销最大的错误思维是认为只要努力提升产品设计或营销手法，就能提升客户的认知价值。事实上，市场营销的第一课告诉我们的是，消费者并不需要一把钻头，而需要墙上的一个洞。

市场营销的解决方案是创造一个客户无法抗拒的价值（即"黑手党提案"），并在足够大的市场充分传播，大幅提升市场的认知价值。让客户无法抗拒，让对手无法复制！

我为上千家企业设计过"黑手党提案"。不管你所在的行业多么普通，你都有可能找到一个"黑手党提案"。

6. 销售管理

销售是针对特定客户达成交易。"黑手党提案"不会自我推销。事实上，越是新生事物，越需要客户教育。销售管理最大的错误思维是认为成功销售的第一步是介绍你的产品或服务。事实上恰恰相反，最成功的销售员是医生，但他们几乎不介绍产品。（全世界的医生似乎都有一个本事，他写下的处方你不认识。）

因此，销售管理的解决方案是突破认知瓶颈，让客户自我说服。客户内心一共有六层抗拒，只有像剥洋葱一样层层突破，才会使客户拥抱"黑手党提案"。

7. 人员管理

一切管理问题最后似乎都可以归结到人。人员管理最大的错误思维是只要员工好好工作，就一定能做好。于是，各种绩效考核，股权激励和阿米巴经营管理模式大行其道，最终都没有解决变革时代能力升级的问题。（中国的农村是彻底的承包制，那么，农民就能种好庄稼了吗？）

因此，人员管理的解决方案是突破能力瓶颈，提高人均效益。建立赋能式组织，并实现三台合力（前台够用，中台机动，后台强大），这样才能最大化地提高人效。美军是这样组织的，华为也是这样组织的。

8. 决策管理

决策管理不是绩效考核，绩效考核是小绩效，决策管理是大绩

可行愿景

效。决策管理包括组织的评估、产品的定价、设备的投资和外包的选择等主题。决策管理最大的错误思维是认为提升局部效益即能提升整体效益。然而，整体效益并不等于局部效益之和。

因此，决策管理的解决方案是以有效产出为准绳，以聚焦五步骤为抓手，让每一次决策都能提升企业的整体绩效。

典型的制造企业都存在产能过剩的现象。如果能够做好产品定价一件事，就能把剩余产能变现，甚至实现营转利！

9. 战略战术

什么是战略？目标；什么是战术？做法。目标与做法，唇齿相依，有战略必有其战术，有战术必有其战略。战略战术最大的错误思维是高层负责战略，基层负责战术。最常见的结果是战略战术脱节和错位。（高层在越俎代庖为基层干活，基层在高谈阔论企业战略不行。）

因此，战略战术的解决方案是上下贯通，左右协同。人人都有目标，人人都有做法，目标与做法套牢，上级与下级绑定。过桥时，步伐整齐，会震断大桥。企业步伐一致时，系统发力，也将威力巨大，所向披靡！

10. 整合并购

整合并购，是可行愿景的最后一站。在存量市场中，产业整合与并购成为常态。整合并购最大的错误思维是认为成功并购的关键在于交易结构。殊不知，交易容易整合难。即使在美国等成熟的资本市场，70%的并购都会因为整合瓶颈而失败，最后落得一地鸡毛。

后 记

因此，整合并购的解决方案是突破整合瓶颈，让并购水到渠成。聚焦战略资源，或者整合产品，或者整合市场，或者整合团队，总之，战略并购，整合先行。（最近几年，各种行业协会多了起来。这既是经济寒冬抱团取暖的迹象，也是行业规范、产业整合的苗头。然而，目前各种协会的整合作用极其有限，连简单的恶性竞争都规避不了。这一点，我们应该向欧佩克学习）

十大解决方案，每一个都在建立一项核心能力。显然，任何一家企业都不可能，也没必要全部导入。那么，到底该怎么导入呢？我们需要可行愿景的实施方法论：黑模式。

可行愿景2.0实施方法论：黑模式

没有黑科技，就靠黑模式！一个黑模式，五年营转利！

可行愿景的实施是一个系统工程。自中科院毕业之后，我的人生聚焦于一件事：可行愿景的落地咨询。15年间我先后服务了数以百计的企业，终于在5年前，形成了系统的实施方法论。很多企业家把我们的方法论戏称为：黑模式。黑科技，是独特的技术；黑模式，是独特的模式。没有黑科技，就靠黑模式！一个黑模式，五年营转利！

什么是黑模式？创造一个客户无法抗拒的价值（即"黑手党提案"），建设核心能力并在市场上发挥到极致，形成可落地、可复制、可持续的发展模式。

可行愿景

一个好的发展模式，必须回答三个问题：

凭什么客户非选择我们不可？解决落地问题；

凭什么我们能够快速复制？解决复制问题；

凭什么竞争对手不能复制？解决持续问题。

评价好模式的标准：是否能发现、连接和垄断优质客户资源。具体怎么做？

第一阶段，从0到1，价值创新。凭什么客户非选择我们不可？答案是构建解决方案，直击客户刚需。是否能满足客户一项未被满足的需求，做到竞争对手无法替代的程度，把自己逼疯，把对手逼死？

第二阶段，从1到N，价值引爆。凭什么我们能够快速复制？答案是建立核心能力，引爆核心市场。是否能让一部分客户先获取价值，引发核心市场的快速成长，倒逼内部能力持续升级？

第三阶段，从N到∞，价值持续。凭什么竞争对手不能复制？答案是创造竞争优势，垄断细分市场。是否能建立起护城河，在河里再养几条鳄鱼，让对手过不来？

最最重要的是如何突破落地的瓶颈！这是中国企业家最关心的问题，这绝不是一个小问题。因此，我决定把落地的技巧分享出来，作为本书的姊妹篇，这是我正在创作的下一本书《可行愿景2.0：战略钉与绩效锤》。战略是一颗钉子，绩效是一把锤子，只有不断改善绩效，持续创造成果，才能让钉子一次次地扎在客户和团队的认知中，

后 记

最终成为一种信仰。在我看来，这就是真正的"战略落地"。（战略是靠绩效推动的，革命是靠胜利推动的。看看我国社会主义初级阶段的基本路线：领导和团结全国各族人民，以经济建设为中心，坚持四项基本原则，坚持改革开放，自力更生，艰苦创业，为把我国建设成为富强、民主、文明的社会主义现代化国家而奋斗。经济建设就是"钉子"，年复一年的增长就是"锤子"，最后总路线深入人心，改革开放大功告成。这就是一次成功的战略实施。）

期待你的企业实现营转利！走向全球市场，成为行业领导！

参考文献

1. 拉里·博西迪，拉姆·查兰，查尔斯·伯克.执行：如何完成任务的学问（珍藏版）[M].刘祥业，译.北京：机械工业出版社，2016.

2. 吉姆·柯林斯.从优秀到卓越[M].俞利军，译.北京：中信出版社，2019.

3. 罗伯特·G.库伯，斯科特·J.埃杰特，埃尔库·J.克兰施米特.新产品组合管理[M].2版.刘立，刘鸿雷，译.北京：电子工业出版社，2017.

4. 史蒂芬·柯维.高效能人士的七个习惯[M].高新勇，王亦兵，葛雪蕾，译.北京：中国青年出版社，2020.

5. 史蒂芬·柯维.与领导有约[M].2版.徐炳勋，译.台北：天下文化出版股份有限公司，2019.

6. 罗杰·费雪，威廉·尤里，布鲁斯·巴顿.谈判力[M].王燕，罗昕，译.北京：中信出版社，2012.

7. 艾利·高德拉特，杰夫·科克斯.目标[M].3版.齐若兰，译.北京：电子工业出版社，2019.

参考文献

8. Eliyahu M. Goldratt.The Haystack Syndrome: Sifting Information Out of the Data Ocean［M］.Great Barrington: North River Press, 2006.

9. 艾利·高德拉特.目标Ⅱ——绝不是靠运气［M］.周怜利，译.北京：电子工业出版社，2019.

10. 艾利·高德拉特.关键链［M］.罗嘉颖，译.北京：电子工业出版社，2019.

11. 艾利·高德拉特，艾利·斯拉根海默，嘉露·柏德克.仍然不足够［M］.罗嘉颖，译.北京：电子工业出版社，2019.

12. 托马斯·约翰逊，罗伯特·卡普兰.管理会计兴衰史——相关性的遗失［M］.金马工作室，译.北京：清华大学出版社，2004.

13. Gerald I. Kendall.Securing the Future: Strategies for Exponential Growth Using the Theory of Constraints［M］.London:Taylor & Francis, 1997.

14. Gerald l. Kendall. Steven C Rollins. Advanced Project Portfolio Management and the PMO［M］.Springfield: J.Ross Publishing, 2003.

15. 哈罗德·科兹纳.项目管理：计划、进度和控制的系统方法［M］.9版.杨爱华，王丽珍，译.北京：电子工业出版社，2006.

16. 尼尔·雷克汉姆.销售巨人［M］.石晓军，译，北京：中华工商联合出版社，2015.

17. 彼得·圣吉.第五项修炼［M］.张成林，译.北京：中信出版社，2018.

171

附录A

可行愿景财务分析案例

以下三个财务分析案例都是从真实案例中提炼的,均指出了提升利润的杠杆点所在。大多数产能过剩的公司通常在获利方面拥有巨大的杠杆效应。例如,一家产能过剩的制造商常常能以高于原材料成本的小幅盈利直接增加公司利润,而其他固定费用却不会增加。

与记载中TOC案例的平均改善幅度相比,表A.1~表A.3的数据是偏于保守的。这些表格由高德拉特顾问集团的艾伦·伯纳提供,感谢艾伦分享信息。

三个财务分析案例分别是:

(1)通用案例,适用于任何产业中的任何公司;

(2)在第1章中讨论的电缆公司;

(3)在附录B中讨论的滴灌设备公司。

附录A

表A.1 财务分析案例1

可行愿景挑战—普通公司XYZ
每年增加多少销售额、成本利投资才能让你的公司在4年内年净利润等于今年的营业额?

项目		当年 金额(美元)	占销售额 百分比	变动 数量	变动 价格	1年 金额(美元)	占销售额 百分比	变动 数量	变动 价格	2年 金额(美元)	占销售额 百分比	变动 数量	变动 价格	3年 金额(美元)	占销售额 百分比	变动 数量	变动 价格	4年 金额(美元)	占销售额 百分比	4年内总增长
年销售额	SR	$1,000	100%	20%	5%	$1,260	100%	20%	5%	$1,588	100%	20%	5%	$2,000	100%	15%	5%	$2,415	100%	142%
变动成本	VC	$400	40%	20%	0%	$480	38%	20%	0%	$576	36%	20%	-5%	$657	33%	15%	0%	$755	31%	89%
有效产出	T	$600	60%	30%		$780	62%	30%		$1,012	64%	33%		$1,344	67%	24%		$1,660	69%	177%
运营费用	OE	$500	50%	5%		$525	42%	10%		$578	36%	5%		$606	30%	10%		$667	28%	33%
净利润	NP	$100	10%	155%		$255	20%	70%		$434	27%	70%		$737	37%	35%		$993	41%	893%
存货	In	$250	25%	-20%		$200	16%	0%		$200	13%	10%		$220	11%	10%		$242	10%	-3%
固定资产	F.A	$250	25%	0%		$250	20%	5%		$263	17%	0%		$263	13%	5%		$276	11%	10%
总投资	I	$500	50%	-10%		$450	36%	3%		$463	29%	4%		$483	24%	7%		$518	21%	4%
投资回报率	ROI		20%				57%				94%				153%				192%	859%

注:
销售额的增加既可以来自于销量的增加,也可以来自于价格的上升。记住,当销售价格上升时,变动成本不一定会上升。这为净利润和投资回报率的增长提供了一个杠杆点。
表格上数字的变化要由你自己来验证。

可行愿景

表A.2 财务分析案例2

可行愿景挑战-电力电缆有限公司
（本案例在第1章中已经描述）

每年增加多少销售额、成本和投资才能让你的公司在4年内净利润等于今年的营业额？

项目		当年 金额(美元)	当年 占销售额百分比	变动 数量	变动 价格	1年 金额(美元)	1年 占销售额百分比	变动 数量	变动 价格	2年 金额(美元)	2年 占销售额百分比	变动 数量	变动 价格	3年 金额(美元)	3年 占销售额百分比	变动 数量	变动 价格	4年 金额(美元)	4年 占销售额百分比	4年内总增长
年销售额	SR	$90	100%	20%	5%	$113	100%	20%	5%	$143	100%	20%	5%	$180	100%	15%	5%	$217	100%	142%
变动成本	VC	$35	39%	20%	0%	$42	37%	20%	0%	$50	35%	20%	-5%	$57	32%	15%	0%	$66	30%	89%
有效产出	T	$55	61%	30%		$71	63%	30%		$92	65%	33%		$123	68%	23%		$151	70%	175%
运营费用	OE	$50	56%	0%		$50	44%	10%		$55	38%	0%		$55	31%	10%		$61	28%	21%
净利润	NP	$5	6%	328%		$21	19%	75%		$37	26%	80%		$68	38%	34%		$91	42%	1716%
存货	In	$23	25%	-20%		$18	16%	0%		$18	13%	10%		$20	11%	10%		$22	10%	-3%
固定资产	F.A.	$23	25%	0%		$23	20%	5%		$24	17%	0%		$24	13%	5%		$25	11%	10%
总投资	I	$45	50%	-10%		$41	36%	3%		$42	29%	4%		$43	24%	7%		$47	21%	4%
投资回报率	ROI		11%				53%				90%				156%				195%	1654%

注：
销售额的增加既可以来自于销量的增加，也可以来自于价格的上升。记住，当销售价格上升时，变动成本不一定会上升。这为净利润和投资回报率的增长提供了一个杠杆点。
表格上数字的变化要由你自己来验证。

附录A

表A.3 财务分析案例3

可行愿景挑战-水利灌溉设备公司
(本案例在附录B中已描述)

每年增加多少销售额、成本和投资才能让你的公司在4年内年净利润等于今年的营业额?

项目		当年 金额(美元)	占销售额 百分比	变动 数量	价格	1年 金额(美元)	占销售额 百分比	变动 数量	价格	2年 金额(美元)	占销售额 百分比	变动 数量	价格	3年 金额(美元)	占销售额 百分比	变动 数量	价格	4年 金额(美元)	占销售额 百分比	4年内总增长
年销售额	SR	$250	100%	30%	10%	$358	100%	30%	10%	$511	100%	30%	10%	$731	100%	30%	10%	$1,045	100%	318%
变动成本	VC	$100	40%	30%	0%	$130	36%	30%	0%	$169	33%	30%	-5%	$209	29%	30%	0%	$271	26%	171%
有效产出	T	$150	60%	52%	0%	$228	64%	50%	5%	$342	67%	53%	10%	$522	71%	48%	10%	$774	74%	416%
运营费用	OE	$130	52%	0%	0%	$130	36%	5%	0%	$137	27%	10%	0%	$150	21%	10%	0%	$165	16%	27%
净利润	NP	$20	8%	388%		$98	27%	111%		$206	40%	81%		$372	51%	64%		$609	58%	2945%
存货	In	$63	25%	-20%		$50	14%	0%		$50	10%	10%		$55	8%	10%		$61	6%	-3%
固定资产	F.A	$63	25%	0%		$63	17%	5%		$66	13%	0%		$66	9%	5%		$69	7%	10%
总投资	I	$125	50%	-10%		$113	31%	3%		$116	23%	4%		$121	17%	7%		$129	12%	4%
投资回报率	ROI		16%				87%				178%				309%				471%	2841%

注:
销售额的增加既可以来自于销售量的增加,也可以来自于价格的上升。记住,当售价上升时,变动成本不一定上升。这为净利润和投资回报率的增长提供了一个杠杆点。
表格上数字的变化要由你自己来验证。

175

附录B

更多可行愿景案例

分销公司案例

一家3亿美元规模的美国分销公司创立超过20年，客户清单上有成千上万家公司和政府机关，简直就像一本名人录一样，实在令人羡慕。这家公司代理的制造商都是通信产业中的精英公司。但是，公司却出现了停滞不前的状况，市场占有率甚至低于20%。

这家分销公司有成千上万的产品存放在仓库中，他们选择成为满足客户所有需求的单一供应商来发展其业务。在通信产业中，产品更新换代实在是太快了，许多产品的生命周期只有区区9个月，甚至更短。对分销公司而言，为每个不同的制造商生产的同类产品建立库存是不切实际的，因为有太多重复的产品。除非分销商增加十倍的仓储空间，而这又无法保证库存周转率。

对客户而言，有许多产品他们只会购买一次，也总有客户不断地打电话询问一些没有库存的产品的情况，虽然分销商可能有适当的替代品，但客户不能或不愿接受替代品的理由也很多。从销售副总的观点来看，如果你今天没有足够的品种，就很可能丧失整笔买卖及与客户未来的生意。更何况许多产品的生命周期在6～12个月以内，这意味着如果不能快速增加一些新产品，就会轻易地错过一个巨大的机会。事实上，如果有超过20%的订单在发货时至少缺了一个品种，那么在公司老总的眼里，就意味着会有很多不满意的客户。

产品多样化在提升客户满意度的同时，也会带来很多不良后果。当销售部门与高管推动产品多样化时，会造成不断渴求新品的市场瓶颈。这给采购部门带来了巨大的工作量，包含与新供应商建立买卖关系、签署合同及额外的文书工作。帮助客户整合产品的技术人员和支持人员也要经历持续的噩梦以试图跟上节奏。同时，为了寻找空间存放所有的新品，物流中心的工作变得更具挑战性。我们也不要忘了财务人员，他们必须不停地花费更多的钱来购买销售存疑的新产品。

你可能知道这样的公司，因一个核心冲突而每天遭受煎熬，在产品的精选化和多样化之间博弈，管理者面对冲突摇摆不定，有时候，销售会"赢"；有时候，有采购部门与财务部门撑腰的仓库管理人员会"赢"。无论如何，公司的收入和利润不会骗人，这是一个"多输"的局面。

因为这家公司有过剩产能，许许多多在仓库中的产品周转不够快，加上非常低的市场占有率，所以可行愿景可以从以下两个领域开始。

1. 分销软件

建立拉式补货系统，快速响应市场需求的变化，并以较低的库存元天储放正确的库存，在降低库存的同时增加有效产出。拉式补货系统为营销提案打下了基础。需要注意的是，作为一家分销公司，该公

> **可行愿景**

司可以使用软件连接批发商和零售商，也可连接一些大型制造商。

自动采购订单在正确的时间下达给分销公司，再从分销公司传到制造商，这样可以大幅降低整体的产品补货周期，正如第7章中所描述的。

2. 营销提案

值得注意的是，这个案例中，不存在一个统一的市场。相反，在三个截然不同的细分市场中分别针对潜在客户的特定提案是非常重要的。

《财富》排行榜1000强中的老主顾：就这家分销商所持有的产品而言，买主通常是IT服务企业，其产品用于建设新网络、替换损坏零件、为用户提供无线通信服务（调制解调器、手机）等。

这些买主总是抱怨交期太长，即使在1～2天内就送货，买主还是会抱怨。因此，关于他们的"黑手党提案"是在客户仓库建立库存。库存所有权仍然属于分销公司，当产品被取走时，则立即视同完成销售。有了即时送货的能力，让IT服务团队成为英雄。无论是由谁来支付运费都能节省大笔支出。同时因补货次数较少，也降低了分销商的工作量。

项目型客户：许多客户在项目环境中使用该分销公司的产品。例如，建设大型通信塔的客户就是由这家分销公司供应全部的零件，还有其他建设大型网络的客户。关于他们的"黑手党提案"在第1章中已经描述过：允许变更，快速交货，延误赔偿。

经销商：使用分销解决方案。经销商有机会大幅降低库存，同时增加周转率。随着每种产品的库存减少，经销商便能持有更多品种，从而提升销量。

这家分销公司拥有一支优秀的销售团队。过去的问题是销售员将大部分时间花在展会与会议中推销产品，却未向客户提出具有重大意义的价值主张。有了"黑手党提案"，销售员将聚焦于那些最认同提案价值的客户身上。

通过实施"黑手党提案"，分销公司也为其所代表的制造商创造了一种不可思议的提案。制造商能够以更少的库存、更低的过期风险和对市场需求变化更快的响应速度来提升销量。

最后，谈一下可行愿景对于分销公司员工的重要性。综合庞大的交易量、产品的复杂度和市场的迅速变化等因素，这是个挑战性极高的业务。这家分销公司拥有杰出的员工，包括技术人员、软件与硬件专家、仓库员工和后台人员。他们每天努力地工作，却还是眼睁睁看着公司走向萧条，这多么令人灰心！而借着可行愿景，员工再次期待公司令人兴奋的成长与成功以及随之而来所有员工的福利与机会。

滴灌设备公司案例

滴灌设备对于许多农民来说，就像是美梦成真。农作物增产50%甚至提升几倍，同时水资源消耗也减少很多。由于需要一种既经济又务实的方法在沙漠和水资源匮乏的地方种植农作物，以色列在1965年引

可行愿景

进使用滴灌设备，并将其改良成商业产品。

你可能认为，一家拥有如此卓越产品的公司无须实施可行愿景就应该席卷全球市场才对。事实并非如此，这是一个竞争激烈的行业，有不止一家原始制造商濒临破产。矛盾之处在于：这种设备需要投入非常庞大的资金，虽然投资回收期一般不超过3年，有时甚至是1年，但还是存在巨大的风险。

农民绝对无法预知下一次灾难何时发生，它可能来自虫害、气候或某些国家的战争，更糟糕的可能是政府政策的改变。当农民提出贷款安装滴灌设备的要求时，你可以想象银行的回答："是的，先生，我们知道更高的产量可能会增加你的利润。但是如果设备不好用怎么办？如果明年你的农作物遭受灭顶之灾呢？如果这样呢？如果那样呢？"

难怪滴灌设备这么优异的发明，市场渗透率却很低。在此情形下，农民获得低风险资金就是实施可行愿景的关键。但问题是："哪种类型的公司擅长处理风险，不是针对个案，而是针对整体？"显而易见的答案是保险公司。

在这个案例中，可行愿景以获得一家保险公司同意承担金融机构的风险为中心，滴灌公司、保险公司和金融机构从农作物增加的产量中向农民收取费用。对农民而言，没有风险也不必先行支付大笔资金；对各个合作伙伴而言，它们得到的报酬要比没有"黑手党提案"的公司高得多；就农作物增产量而言，平均来看，公司获得的利润比直接卖给农民的买断式销售更高，保险公司得到超额收益，金融机构也得到丰厚报酬。

有了"黑手党提案",滴灌公司就拥有了远远超过最初可行愿景假设的增长潜力。在4年内,净利润能达到好几倍的增长并轻易地超过目前的营业额,成为一家价值数十亿美元的公司。

医院案例

到目前为止,所有关于可行愿景的讨论都专注于商业公司,相同的概念其实也很容易应用在非营利组织中。在这个案例中,英国雷德克里夫医院的医疗系统是改善的目标。非营利组织里是按照目标的单位来计算可行愿景,而不是美元。以医院为例,成功治疗病人的数量(在急诊室、手术室或住院病房)是一项重要的绩效指标,与之配套的绩效指标是完成治疗的周期(多少小时或多少天)。

在过去三年里,英国的医疗预算增加了30%,而接受治疗的病人数量增加了不到4%,这是一个组织深陷困境的迹象。瓶颈在系统的内部,可见医院产能所承受的压力。例如,急诊室的病人通常需要在救护车或轮床上等待12个小时才能完成检查,手术的积压量长达9～18个月。

在这个案例中,可行愿景的达成应用了第6章中描述的部分运营解决方案。在医院中应用缓冲管理的概念来设定和监控目标,并记录缓冲消耗原因。例如,从病人抵达到离开医院或办理住院,急诊室诊疗时间的国家标准是4个小时。

可行愿景

刚开始实施缓冲管理时，雷德克里夫医院每周前来就诊的1200人中，只有70%的病人在4小时内完成诊疗。实施缓冲管理3个月后，1400人中有超过90%的病人在4小时内完成诊疗。不久之后，医院面对95%的病人，达到并保持了要求的4个小时服务标准。第二家实施了相同解决方案的医院做得更好，它在几个月的时间里，面对100%的患者，将标准升级到了3个小时。

当相同的解决方案应用于急性护理设施医院时，病人平均住院时间从40天缩短到大约12天。就每天每张床几百美金的实际费用来看，这在节省医院预算及减少手术积压两个方面是一个巨大的改善。

医院使用缓冲管理的方法监控无法按时完成诊疗服务的原因，这些原因由跨学科小组每周进行检讨，会议时间最长不超过1个小时。小组每周都根据帕累托法则选出最常见的延误原因，分析其根本原因，再找出解决方案，并且予以实施。

在没有增加工作人员、设备或者资金的情况下，医院的员工扭转了不断恶化的局面，取得了显著的成功。这家医院从英国表现最差的五家医院之一转变为致力于跻身全国前两名的医院。

附录C

其他小案例

你可以在附录D的公司案例表中找到这些案例。它们并非可行愿景案例，而是在公司某个领域应用部分可行愿景的解决方案，获得显著的成果。设想一下，如果它们应用可行愿景整体解决方案的话，会取得什么样的成就。

市场营销

家具制造商案例[①]

正如第5章讨论的问题："在你所属行业中，哪些问题是尚未被解决的？"这个问题提供了一种区分你的公司和竞争对手的方法，无论是对客户还是潜在客户都是如此。换句话说，市场营销必须去发掘在所属行业中什么问题是你能解决而尚未有竞争对手解决的。这就要求营销人员去接触客户高层，并了解他们的业务。

例如，某家具制造商的总裁前去拜访潜在客户，询问他们经营一

---

① 完整的案例研究在Gerald I K.Securing the Future：Strategies for Exponential Growth Using the Theory of Constraints[M].London：Taylor & Francis，1997一书中。

可行愿景

家家具店的困难所在。他听到了这样的回答:"你看,库存太高了。大部分已经积压6个月甚至更久,我得支付银行高额的利息呀!而且,走进店里的很多顾客只能找到部分客厅或卧室的家具,有时这些家具中并没有他们想要的颜色。"

当总裁询问店老板为什么会持有这么多的库存时,店老板看着他就好像看到一个疯子一样,说道:"你在开玩笑吗?还不是被你们逼的!"

"怎么逼你们了?"总裁打破砂锅问到底。

"首先,你们要8~12周的时间才能交货。因为无法准确地预测客户需要什么,我们不得不持有大量库存来应对客户的需求。其次,如果不大量购买产品,就得不到合理的折扣,接着就没有办法与街上其他家具店竞争。最后,如果每次不采购至少半车的产品,我们的利润就会被运费吃光光!"

了解了信息之后,家具制造商应该如何创造一个有吸引力的营销提案来打败竞争对手,答案就一目了然了。总裁启动了一套市场营销计划,其中包含分销解决方案,为门店提供四个主要的优势:

(1)不限起订量;

(2)取消配送罚款;

(3)按照时间段,而不是订单大小来确定折扣;

(4)保证每两周补一次货,由制造商而非货代负责落实。

有了这些优势，门店就能以更少的库存满足更多的客户，大幅降低它们的库存持有成本。随着缺货减少，它们的销量也将会增加。此外，更快地周转使得门店能更快地响应客户品味的变化，同时也能持有更多的品种。附带的结果是处理订单的时间大幅减少，大部分时候门店人员登陆补货系统仅仅是补上前两周卖出的产品。

每个零售商的销量增加20%~100%不等，供应链的库存下降超过30%，而且零售商能够向消费者提供更好的服务。在抛出提案的最初几周，就有超过30家零售商叫嚷着要和公司签约。

值得注意的是，这对信息系统的影响也是显著的。家具制造商无须大量的数据或定制复杂的报表，无须实施复杂的广告项目去吸引新零售商，也无须复杂的销售分析来追踪零售商不同的折扣组合。

玻璃制造商案例

一家为家具厂切割玻璃的制造商总裁前去拜访客户并询问经营一家家具厂的困难所在。他听到了这样的内容："你看到这满地的碎玻璃了吗？大部分都是因为要处理你们的到货。由于你们总是按照玻璃尺寸整批包装，所以我们要先拆开所有包装，才能根据每周的制造计划对玻璃进行排序。"他进一步解释道："这个工作每天需要花费很多人工，有时甚至会延误制造进度。"

总裁询问家具厂的一位副总为什么碎玻璃是个问题？毕竟他的公司会以成本价更换碎玻璃，并且成本非常低。副总解释道："第一点，你们一张订单的标准交期是4~6周，所以我们在8~10周前就必须计划

可行愿景

好生产什么家具。第二点,当出现碎玻璃时,你们的员工要再过6~8周才能送来替换玻璃。因此,每出现一块成本5美元的碎玻璃,就会让一组价值600~1000美元的家具拖延8周才能装好!"

了解了信息之后,玻璃制造商设计了一套很有吸引力的营销提案,打败了竞争对手。他们很快地开发出一套软件,在运送玻璃的前一天取得家具厂的生产排程表。然后,启动一套营销方案,优化订单配送及电脑下单的方式,为家具厂提供三个主要的优势:

- 在下单后3周内,按照家具厂的生产排程交付所有的玻璃订单;
- 所有玻璃都设计独特的包装以降低破损率;
- 保证在1个工作日内替换破损的玻璃,并且不收取运费。

最后,家具厂能够完成每周的生产计划并节省了很多给玻璃排序的时间。由于交期被缩短,替换玻璃无须再等待几周的时间,家具厂的销量便会增加。

同时,按照短交期来制定生产计划能更快地响应消费者品味的变化。这个营销提案,其中包含生产解决方案,能够让家具厂快速从亏损状态转为卓越的盈利状态。当其被竞争对手并购时,家具厂的价值在18个月内已经翻了一番。同时,还有额外收益:员工流失率减少了一半。根据这位副总的说法,这正是新提案带来的直接效果。

"黑手党提案"对于潜在客户而言,好到无法抗拒。请记住,在行业内没有其他人能解决这样的问题。就像我们看到的很多案例一样，公司实施提案无须改变产品，也无须改变价格。相反，他们改变的是政策，那些行业内所有供应商根深蒂固的政策，那些让客户发狂的政策。

运营

T恤制造商案例

这家位于佛罗里达南部的公司，从亚洲进口普通质量的T恤，在获得各种体育用品专营权后，印上或者绣上运动队伍的图案。它的客户都是一些沃尔玛之类的公司，它们要求依据前一周的销售情况，每周将T恤发货到各个店铺。

这家公司有很多在制品库存遍布其庞大的生产车间。由于订单投入工厂之后，没有考虑到工厂的产能，也没确认瓶颈所在导致数以百万计的T恤存放在工厂周边的仓库中。从准备阶段，打印图案、贴上零售标签、包装，到最后发货，整个工厂都是以大批量的方式在转移T恤。

一张订单的平均交期接近2周，同时每周插队处理几次紧急发运，公司甚至因为产能问题拒收过订单。

解决方案的一部分是公司实行了鼓—缓冲—绳子的生产模式，它选定制图部门为鼓，这是大多数时候订单被卡住的地方。制图部门根据上一周的橄榄球、足球、棒球或者篮球运动的获胜者，精选出每周

可行愿景

新的体育人物。在新的生产模式下，公司根据制图部门的产能来决定发放多少订单。

解决方案的另一部分是批量大小的砍半。立竿见影的效果是整个工厂的前置期缩短了一半，在制品开始减少，排程更加可靠，急单也变得容易处理。对于2000万美元的业务规模而言，仅仅通过释放库存，新生产模式就为总裁收回了100万美元现金。

流水线案例

绝大多数人认为，一条流水线就是一条平衡的生产线。正常情况下，每个工作站以同样的速度顺畅地运行。然而，如果流水线的任何一环发生故障，整个流水线就会停止。

在汽车行业，生产解决方案大幅改善了流水线的流量。在流水线上，瓶颈被确定为对流量影响最大的工作站，虽然这是有违直觉的，因为大部分人认为流水线的每个工作站都以同样的速度工作，但是，速度取决于最弱的一环未必是流水线上最慢的机器，而可能是最常出现故障或者出现故障时停机时间最长的机器。

在此案例中，应用缓冲概念在瓶颈机台前面或者后面建立空间缓冲。如此一来，即使当瓶颈上游或下游遭遇任何问题时，瓶颈都能够继续运行。此外，当瓶颈宕机时，装配线依然能够继续运行。

此外，建立空间缓冲花费的几十万美元在几周内就可以收回来。

附录C

分销

亚洲易腐型消费品案例

根据每年的时令与储存产品的方式,这家消费品公司希望其产品能在4~6周内保持新鲜并为消费者所接受。零售店可以退回不新鲜的产品,而且不会被扣款。这家公司每个月由于退货造成的浪费大约相当于15%的产品。与此同时,这家公司怀疑自己正在丧失客户,因为某些零售店会贩卖不新鲜的产品。

这家公司有几种不同品牌的产品,之前的模式是每一种产品都大批量地配送给分销商及零售商,供应链系统中持有5周以上的库存。在应用分销解决方案之后,公司至少降低了25%的库存量,并且减少了一半的浪费。这意味着公司每年能够节省数百万美元。因产品新鲜而增加的销量还有待确认,据说其潜力会超过减少浪费50%所带来的好处。

美国大城市的超级市场案例

美国境内每个大城市的消费者总是匆匆忙忙的。当他们停下来走进一家当地的小型杂货店购物时,他们希望找到所有需要的产品,并能有各种选择以满足自己的品味。因为在大城市空间十分昂贵,超级市场都不大,选择余地十分有限。

过去几年,大城市的消费者养成了特殊的品味。当这家超级市场没有现货时,消费者就被迫到其他地方购买。根据消费者调查,这不

可行愿景

仅损失了超级市场的销售，还流失了客户。

为了实施对消费者影响巨大的分销解决方案，超级市场专注于实施拉式补货系统，同时在货架上储存更多的品种。尽管这家超级市场并没有公布结果，但预期实施新系统能够减少30%的库存，增加25%的品种，并且提升40%的销售。

项目管理

在项目管理方面，我们已经记载并公布了许多优秀的案例[1]。现在我们仅挑选两个实在难以割舍的案例。这两个案例在我的脑海中脱颖而出，因为它们吸取了"盲人摸象"的重大教训。

消费五金和水暖产品案例：工程设计

这家加拿大公司拼命地推动新产品上市，尽管公司约有15位高素质的工程师，但每年发布的新产品却屈指可数。绝大多数产品从初步设计阶段到预备上市阶段要花1年以上的时间。在我去拜访这家公司的时候，新品上市的时间正面临着迅速恶化的趋势，很快时间就要接近2年。

这家公司已经派了一名产品经理去参观关键链项目管理的工作坊。这名经理相信关键链将对公司产生巨大的影响，他尝试了1年的时间，却无法说服他的高管团队。刚好，我到这家公司所在的地方出

---

[1] 更多案例见附录D。

差，于是我提出到他的公司拜访。我打算花2个小时与高管团队当面沟通来推动关键链项目落地。

我向团队展示了一套计算机模拟程序，演示了同时启动太多项目的影响。营销副总当场指出："就如演示说明的原因一样，公司正在自我毁灭。"我询问目前有多少个正在执行的项目，工程副总说："差不多70个。"营销副总立即反驳道："那仅是开发阶段的项目，你还有另外30个维修项目也在进行中。"

高管团队一致认同公司多项目管理的瓶颈在工程部门。于是，我问他们："在没有不良多工的情况下，你们实际能够处理多少个项目？"工程副总的答案："大约15个。"他们有100个进行中的项目，是应有数量的6倍多！为进一步查证，我问："由于有太多进行中的项目导致不良多工，现在需要拖延至2年的时间才能让产品上市。假如没有不良多工，新产品上市需要多久？"答案："2个月。"

就公司生产的每种新产品来看，损失几乎是两年的收入外加两年的竞争优势。这简直让人难以置信！在这2个小时的拜访中，最棒的是我没有直接告诉他们答案，他们得出了自己的结论，并在不久后实施了解决方案。

亚洲工程项目案例

亚洲许多不发达国家经常遭受停电之苦。我提供过咨询服务的一家公司，也是所在国家中最大的雇主公司之一，它拥有一家令人印象深刻的工厂，每天生产数以百万计的消费品。在我与这家公司合作的

可行愿景

那一年里，有一段时间工厂的产能成为公司的瓶颈。

当发生停电时，哪怕只是短短几分钟，就可能要用1个小时才能让设备再次满负荷生产。在生产过程中，会有胶水、纸和其他的材料流经机器，而停电会导致机器内部乱成一团。因此，重启设备会造成让人头大的浪费和返工。

公司发现使用电力切换器可以将现有的发电机投入车间，在生产高峰时，发电机提供电力能够彻底消除停电的影响。同时，如果办公室停电几分钟甚至1个小时，并不会对公司的收入或利润造成影响，因为办公室并非公司的瓶颈，工厂才是。

解决瓶颈问题的价值接近每天10万美元，电力切换器的成本却不到5万美元。在向项目负责人说明关键链对有效产出与净利润的影响后，项目负责人十分赞成。运营总监也认为只要能够加快电力切换器出货的速度，做任何事情都是值得的。于是，公司采取行动加速关键链的运作，如催促交货，同时与电力切换器制造商总部联系以找出加快交货的方法。

我的妻子杰奎琳建议这家公司给电力切换器制造商奖励（奖金超过电力切换器的成本）。因为电力切换器拥有每天接近10万美元的价值，如果能够尽早交货，为何不提供每天5 000～10 000美元的奖金给制造商？这种思考方式需要应用本书的新决策模式，不光总裁层级需要应用，公司中的每一位员工都需要应用。

附录D

TOC瓶颈理论全球典型应用企业

简介

经过40多个小时的研究，200多个参考案例产生了。从成千上万引用艾利·高德拉特博士或者TOC的网页中，你将找到数以千计的客户名字。我挑选参考案例的标准是：

- 根据客户的名称选择案例；

- 优先选择成果清晰的案例；

- 尽可能选择一手案例，或者客户直接引用的案例。

许多非英文网站也有其他的案例，这个清单仅限于英文网站。虽然我没有试图去汇总最新的TOC平均改善数据，但直觉告诉我，这些成果与大量的研究结果是一致的。应用TOC瓶颈理论的成果是：

- 交期平均缩短70%；

- 准交率平均提升44%；

- 库存平均降低49%；

可行愿景

- 收入平均提升63%；

- 盈利能力提升116%；

应用TOC的公司名单在不断地更新，因此在附录中只包含了小部分的公司案例。

表D.1 公司案例1

公司名	所在国家或地区	信息来源	应用范围	行业
Expozay International	澳大利亚	《工业管理》杂志1994年5月	生产运营管理	纺织
HWI Electrical	澳大利亚	www.tocca.com	思考流程	分销
Skye	澳大利亚	www.tocca.com	生产与物流管理	纺织
Telwater	澳大利亚	www.tocca.com	生产与物流管理	造船业
TRS	澳大利亚	www.tocca.com	项目管理	制冷机
BHP Coated Products Division	澳大利亚	APICS（美国生产运营协会）澳大利亚分会1991	生产与物流管理	钢铁
Baxter Corporation	马来西亚	《TOC瓶颈理论与管理会计》一书	生产与物流管理	卫生保健
Verhaert	比利时	www.goldratt.com	思考流程	工业产品研发
Dana Albarus DSC	巴西	APICS瓶颈管理会议2000	生产与物流管理	汽车制造
Alcan Aluminum	加拿大	APICS瓶颈管理会议	战略计划	冶金
Babcock & Wilcox	加拿大	《高级项目统筹管理和PMO》一书	战略计划	核能
Butler Metal Group	加拿大	Rik Berry 的学术论文	思考流程	汽车制造
Imperial Oil	加拿大	www.goldratt.com	思考流程	石油
Novopharm	加拿大	www.chesapeak.com	分销	药品配送

附录D

表D.2 公司案例2

续表

公司名	所在国家或地区	信息来源	应用范围	行业
Pratt & Whitney	加拿大	《瓶颈理论的世界》一书	生产与物流管理	飞机制造
Scarborough Public Utilities	加拿大	《锁定未来》一书	思考流程	水电
长风制帽	中国东莞	应用案例录像	生产与物流管理	制帽
Scholly Fiberoptic GmbH	德国	www.toc-goldratt.com	分销	电子制造
Elecon Engineering	印度	www.toc-goldratt.com	生产与物流管理	工业制造
Indo Asian Fuesgar Limited	印度	www.goldratt.com	生产与物流管理	电子制造
Larsen and Toubro	印度	www.realization.com	项目管理	重型机械制造
Copeland	爱尔兰	www.goldratt.com	生产与物流管理	制冷业
Glenaden Shirts	爱尔兰	www.toc-goldratt.com	生产与物流管理	纺织
Hampton Conservatories Ltd.	爱尔兰	www.toc-goldratt.com	项目管理	建筑
McDonagh Furniture Ltd.	爱尔兰	www.toc-goldratt.com	生产与物流管理	家具制造
Better Online Solutions	以色列	www.goldratt.com	项目管理	软件开发
Dolav	以色列	www.goldratt.com	思考流程	制造
Emblase Semiconductor Ltd.	以色列	www.goldratt.com	项目管理	半导体

表D.3 公司案例3

续表

公司名	所在国家或地区	信息来源	应用范围	行业
Intel	以色列	www.goldratt.com	项目管理	半导体
Israeli Air Force	以色列	www.goldratt.com	思考流程	国防机构
Israeli Aircraft Mtce. Division	以色列	TOC升级研讨会	项目管理	飞机维修
METEC	以色列	www.goldratt.com	生产与物流管理	制造
Netafim Irrigation Products	以色列	TOC剑桥大会2003	可行愿景	农产品生产
Rafael	以色列	www.goldratt.com	项目管理	国防工业
Seabridge	以色列	www.goldratt.com	项目管理	制造
Zoran Corporation	以色列	www.toc-goldratt.com	项目管理	半导体
Gunze	日本	www.goldratt.com	供应链	纺织
Japan Research Institute	日本	www.goldratt.com	思考流程	咨询
Suntory Group	日本	www.goldratt.com	生产与物流管理	饮料制造
Curriculum Development Center	马来西亚	www.tocforeducation.com	战略计划	教育
Dirona, S. A.	墨西哥	APICS瓶颈管理会议2001	供应链	汽车制造
Grupo Rio	墨西哥	www.toc-goldratt.com	思考流程	卫生保健

可行愿景

表D.4 公司案例4

续表

公司名	所在国家或地区	信息来源	应用范围	行业
Varanni de Mexico S.A. de C.V.	墨西哥	www.toc-goldratt.com	战略计划	鞋业零售
Samsonite Europe	荷兰	《TOC瓶颈理论与管理会计》一书	分销	箱包制造
Tim Voor Kantoor	荷兰	www.goldratt.com	市场	办公用品制造
Habitat for Humanity	新西兰	www.goldratt.com	项目管理	建筑
Department of Education	菲律宾	www.tocforeducation.com	思考流程	教育
Ministry of Education	俄国	www.tocforeducation.com	思考流程	教育
Rohm and Haas	苏格兰	www.chesapeak.com	生产与物流管理	包装制造
African Explosives Limited	南非	www.toc-goldratt.com	供应链	建筑
Afrox Ltd.	南非	www.toc-goldratt.com	分销	工业品
Council for Scientific and Industrial Research	南非	www.mpsys.co.za	项目管理	国防
Iscor	南非	www.toc-goldratt.com	项目管理	冶金
Media Automotive	南非	《中级ERP》杂志	思考流程	分销
Pretoria Academic Hospital	南非	www.toc-goldratt.com	思考流程	卫生保健

表D.5 公司案例5

续表

公司名	所在国家或地区	信息来源	应用范围	行业
Robor Stewarts & Lloyd	南非	www.itweb.co.za	分销	钢铁
Silva Cel	南非	www.goldratt.com	思考流程	纸浆和造纸
Unilever, Lever Ponds	南非	www.toc-goldratt.com	战略计划	消费品
Caser	西班牙	www.realization.com	项目管理	保险
Fuchosa	西班牙	www.realization.com	项目管理	汽车制造
JAE	西班牙	www.realization.com	项目管理	汽车制造
Vizuete SL	西班牙	www.goldratt.com	生产与物流管理	制造业
ABB	瑞典	www.vrn.com	生产与物流管理	电力技术
Acreo	瑞典	www.vrn.com	项目管理	微电子制造
Alderman Pounder Nursery School	英国	www.goldratt.com	思考流程	教育
Alphamet (UK) Limited	英国	www.goldratt.com	思考流程	金属贸易
Audus Noble Ltd.	英国	www.toc-goldratt.com	生产与物流管理	塑料
Balfour Beatty	英国	www.criticalchain.co.uk	项目管理	市政工程

表D.6 公司案例6

续表

公司名	所在国家或地区	信息来源	应用范围	行业
Clowes Group	英国	www.goldratt.com	市场营销	印刷
Garrett Corporation	英国	www.toc-goldratt.com	生产与物流管理	汽车制造
Oxford Health& Social Care System	英国	TOC剑桥会议2003	缓冲管理 思考流程	卫生保健
Serbomex Group Lid	英国	www.toc-goldratt.com	生产与物流管理	电子制造
Sadesa	乌拉圭	www.toc-goldratt.com	生产与物流管理	制革
Abbott Laboratories	美国	www.prochain.com	项目管理	药品
Alko Lighting	美国	《全面质量管理》杂志1992年第3期	生产与物流管理	照明设施制造
Amazon.com	美国	《纽约时报》2002年1月	生产与物流管理	网上商城
Antartic Support Associates	美国	www.goldratt.com	项目管理	研究机构
APN Inc.	美国	www.toc-goldratt.com	思考流程	食品制造
AT&T	美国	www.mets.com/Theory-of-Constraints.html	生产与物流管理	通信产品制造

致 意

有一个人，为本书的写作投入了大量的时间和关爱，她就是我的妻子和过去十年来的工作伙伴杰奎琳。作为一位改善方法论的世界级专家，杰奎琳确保了本书内容的精准度与正确性，无论是语言的顺畅还是内容的精要，都要感谢她的贡献。

向艾利·高德拉特致意！他的回应让我得以实现最初的想法——写一本面向执行主管的简短而一针见血的TOC瓶颈理论书籍。我对高德拉特博士充满尊敬与感激。他的支持与直接帮助，特别是从独特的角度审阅本书，保证了我的观点能契合到最前沿的TOC理论进展。数十年来，他对TOC理论始终如一的坚持，以及无私的奉献，对全世界TOC的学习者来说无疑是一盏指路明灯。

感谢那些有意或无意成为我的测试对象，试读本书并给予回馈的人。德勤咨询公司的经理乔登·肯德尔经常全神贯注好几个小时来验证可行愿景的可行性。通常只有自家人才可能忍受这种不可思议的情况！

来自洛克希德·马丁公司的鲍勃·凯西、鲍勃·里登、迈克·沃尔特和凯文·卡拉米；来自科卫通信的帕特·班尼特；来自德士科技

致 意

的鲍勃·巴赫尔；来自实现公司的特里·马斯宝；来自杰索斯集团的特伦斯·摩尔；来自狄其斯的保罗·沃林；来自阿尔康的冯·丹爵；来自提普斯的迈克·米凯和高德拉特顾问集团的斯图尔特·威特，他们提供的宝贵意见，皆收录到本书的某些章节中。

高德拉特顾问集团的盖伊·布里尔和欧迪·科恩在本书刚开始撰写时提供了绝佳的建议。感激高德拉特顾问集团的艾伦·巴纳德贡献附录A中的三份财务分析案例。敬谢高德拉特顾问集团的温迪·麦克斯韦，她的协助多不胜数。如果没有哈迪管理顾问经营合伙人史蒂夫·哈迪的支持与信任，就不可能有本书中分享的经验。

在编写本书的过程中，我亏欠88岁的母亲碧侬·肯德尔太多了。她曾对我唠叨了一整年："吉罗德，你的下一本书什么时候才会写好？""老妈，完成了！别再唠叨了，好吗？"

吉罗德·肯德尔

反侵权盗版声明

电子工业出版社依法对本作品享有专有出版权。任何未经权利人书面许可，复制、销售或通过信息网络传播本作品的行为；歪曲、篡改、剽窃本作品的行为，均违反《中华人民共和国著作权法》，其行为人应承担相应的民事责任和行政责任，构成犯罪的，将被依法追究刑事责任。

为了维护市场秩序，保护权利人的合法权益，我社将依法查处和打击侵权盗版的单位和个人。欢迎社会各界人士积极举报侵权盗版行为，本社将奖励举报有功人员，并保证举报人的信息不被泄露。

举报电话：（010）88254396；（010）88258888

传　　真：（010）88254397

E-mail：　dbqq@phei.com.cn

通信地址：北京市万寿路 173 信箱
　　　　　电子工业出版社总编办公室

邮　　编：100036